湖南省教育厅科学研究重点项目"数字贸易助推湖南省制造业企业自主创新的机制与实践路径研究"（23A0431）
湖南省教育厅科学研究优秀青年项目"新兴技术跨界创新网络对其创新绩效的影响机制研究"（23B0549）
湖南省自然科学基金面上项目"产品空间视角下我国企业出口贸易高质量发展的机制与路径研究"（2023JJ30218）

产品关联
对中国制造业企业高质量发展的影响及机制研究

肖生鹏　金妍希　林常青　著

中国矿业大学出版社
China University of Mining and Technology Press
·徐州·

图书在版编目（CIP）数据

产品关联对中国制造业企业高质量发展的影响及机制研究/肖生鹏，金妍希，林常青著. —徐州：中国矿业大学出版社，2024.8. —ISBN 978-7-5646-6393-3

Ⅰ. F426.4

中国国家版本馆 CIP 数据核字第 20241429U6 号

书　　名	产品关联对中国制造业企业高质量发展的影响及机制研究
	Chanpin Guanlian dui Zhongguo Zhizaoye Qiye Gaozhiliang Fazhan de Yingxiang ji Jizhi Yanjiu
著　　者	肖生鹏　金妍希　林常青
责任编辑	章　毅
责任校对	王慧颖
出版发行	中国矿业大学出版社有限责任公司
	（江苏省徐州市解放南路　邮编 221008）
营销热线	（0516）83885370　83884103
出版服务	（0516）83995789　83884920
网　　址	http://www.cumtp.com　E-mail：cumtpvip@cumtp.com
印　　刷	湖南省众鑫印务有限公司
开　　本	710 mm×1000 mm　1/16　印张　11.75　字数　224 千字
版次印次	2024 年 8 月第 1 版　2024 年 8 月第 1 次印刷
定　　价	68.00 元

（图书出现印装质量问题，本社负责调换）

前言 PREFACE

企业一直是经济高质量发展的微观主体，我国的制造业企业经过转型与发展，目前处于"大而不强"的状态，企业发展的效率有待提高，质量、创新能力等有待加强。为了促进国内国际双循环新发展格局下我国制造业企业生产能力的提升与要素禀赋的发挥，使我国制造业企业形成竞争优势，笔者在参阅大量文献资料、进行深入研究分析的基础上撰写了本书，以期从产品关联的角度出发，为我国制造业企业的发展提供一定的启示。

本书共有八章。第一章为概论，阐述了本书的研究背景、意义、目的、内容、方法和技术路线，以便读者对本书内容有初步了解。第二章对产品关联的研究现状、企业高质量发展的研究现状、产品关联与企业高质量发展相关研究进行了论述，并对前人的研究成果进行了总结和分析。第三章是理论部分，首先对产品关联与制造业企业高质量发展的概念进行界定，其次阐述产品关联和制造业企业高质量发展的相关理论，最后针对产品关联对我国制造业企业高质量发展影响的框架和机理进行了分析，为论证提供理论基础。第四章结合实际分析了我国制造业企业产品关联与高质量发展的典型事实，以帮助读者深入了解其状况。第五章到第七章分别探究了产品关联对我国制造业企业创新驱动的影响、对效率提高的影响和对质量提升的影响，每一章都结合大量数据，运用计量模型进行分析，得出实证结果，同时进行稳健性检验、异质性检验和作用机制检验。第八章对本书的研究结论进行了总述，并结合相关政策得出发展启示。

本书的主要特点如下。

第一，理论内容丰富翔实。本书不仅对产品关联研究、制造业企业高质量发展进行了详细论述，还对相关的概念、理论进行了阐释，为本书的研究与论证提供了扎实的理论基础。

第二，理论与实际相结合。本书第四章的典型事实分析与第五章至第七章的影响研究都是以实例为基础，有丰富的数据作为支撑，并将科学的研究方法运用于分析，确保了研究结果的科学性，实现了理论与实际相结合。

笔者在撰写本书的过程中参考了许多资料，研究论证的结果也离不开大量数据的支撑，在此对相关研究者致以诚挚的感谢。我国制造业企业的发展情况复杂，笔者个人能力有限，难以将其完全分析透彻，故书中难免存在疏漏之处，敬请广大读者斧正，以督促笔者进行修正与完善。

笔　者
2024 年 5 月

目录 CONTENTS

第一章 产品关联研究概论 1
- 第一节 产品关联研究背景和意义 1
- 第二节 产品关联研究目的和内容 5
- 第三节 产品关联研究方法与技术路线 9

第二章 产品关联与企业高质量发展研究现状 11
- 第一节 产品关联的研究现状 11
- 第二节 企业高质量发展的研究现状 17
- 第三节 产品关联与企业高质量发展相关研究 29

第三章 产品关联与制造业企业高质量发展的概念界定、理论基础与机理分析 35
- 第一节 产品关联与制造业企业高质量发展的概念界定 35
- 第二节 产品关联的理论基础 40
- 第三节 制造业企业高质量发展的理论基础 47
- 第四节 产品关联对我国制造业企业高质量发展影响的分析框架及机理分析 50

第四章 我国制造业企业产品关联与高质量发展的典型事实分析 61
- 第一节 我国制造业企业产品关联的典型事实考查 61
- 第二节 我国制造业企业的发展历程与高质量发展的典型事实考查 73

第五章　产品关联对我国制造业企业创新驱动的影响研究……………105

　　第一节　数据与计量模型设定………………………………105
　　第二节　实证结果与分析……………………………………109
　　第三节　稳健性检验…………………………………………112
　　第四节　异质性检验分析……………………………………115
　　第五节　作用机制检验………………………………………118

第六章　产品关联对我国制造业企业效率提高的影响研究……………121

　　第一节　数据与计量模型设定………………………………121
　　第二节　实证结果与分析……………………………………124
　　第三节　稳健性检验…………………………………………126
　　第四节　异质性检验分析……………………………………128
　　第五节　作用机制检验………………………………………131

第七章　产品关联对我国制造业企业质量提升的影响研究……………135

　　第一节　数据与计量模型设定………………………………136
　　第二节　实证结果与分析……………………………………138
　　第三节　稳健性检验…………………………………………140
　　第四节　异质性检验分析……………………………………142
　　第五节　作用机制检验………………………………………145

第八章　产品关联对我国制造业企业高质量发展影响的结论与启示………149

　　第一节　产品关联对我国制造业企业高质量发展影响的结论………149
　　第二节　产品关联对我国制造业企业高质量发展影响的启示………153

参考文献………………………………………………………157

附录……………………………………………………………173

第一章
产品关联研究概论

第一节 产品关联研究背景和意义

一、研究背景

改革开放以来，我国经济经历了高速增长，企业发展主要依靠以高投入、高消耗、高污染和低效益等为特征的粗放型经济增长模式。随着国内外经济环境的变化，这种粗放型经济增长模式导致中国经济增长面临着结构性矛盾和资源瓶颈等突出问题，过去的粗放型增长模式已不适合当前发展实际。为保障我国经济持续健康发展，经济增长的模式需要向更高质量、更高效率的方向转变。中国共产党第十九次全国代表大会（以下简称党的十九大）提出，我国经济已由高速增长阶段转向高质量发展阶段，中国共产党第二十次全国代表大会（以下简称党的二十大）进一步强调，高质量发展是全面建设社会主义现代化国家的首要任务。高质量的发展需要坚实的微观基础，企业是提高经济增长质量的微观主体，只有企业实现高质量发展才能从根本上推动经济增长模式从粗放型向集约型转变。一言以蔽之，高质量发展归根结底要通过微观主体——企业的高质量发展才能实现，即企业高质量发展才是成功实现经济高质量发展的"承载体"。因此，在新时代背景下，企业的高质量发展无疑是当前的重要议题。尤其在国内外贸易摩擦态势反复、全球经济发展趋势不确定性陡增的背景下，我国制造业企业高质量发展、加快产业转型升级、实现"中国制造"向"中国创造"转变，将成为推动新时代经济增长和高质量发展的重要驱动力。

毋庸置疑，企业的高质量发展是强调"质量第一、效益优先"的高层次发展，是推动企业实现动力变革、效率变革和质量变革，实现企业高质量发展的必然要求，是提升企业竞争实力、创新能力和抗风险能力的重要途径。动力变革是企业以自身发展为前提的动力转换，创新驱动成为推动企业高质量发展的动力源泉；效率变革以企业生产效率变革为主线，生产效率变革是增强企业竞争实力和实现企业高质量发展的重要支撑；质量变革以企业产品质量变革为主体，产品质量是评价企业高质量发展的根本指标。因此，一个企业的高质量发展可以体现为创新驱动企业发展、拥有高水平的生产效率与优质的产品质量。但是，目前我国企业高质量发展还面临着诸多问题和发展瓶颈，诸如自主创新能力不足、产品附加值不高、生产管理效率较低等，导致我国制造业企业一直处于"大而不强"的状态，总体处于全球价值链中低端，有被低端"锁定"和"固化"的风险[1][2]，我国经济转型升级与高质量发展的支撑作用亟待加强。

改革开放以来，我国已建成较完整、规模较大的工业体系，具备强大的生产能力和完善的配套厂商，2020年7月的中共中央政治局会议明确提出要加快形成以国内大循环为主体、国内国际双循环相互促进的新发展格局。同时，利用我国完整的、规模最大的工业体系、强大的生产能力和完善的配套能力，发挥生产要素优势、创新资源优势等，把发展的立足点更多地放到国内，培育新形势下我国参与国际合作和竞争的新优势。在国内国际双循环的新发展格局下，如何发挥我国庞大、完整且具有较强互补性的产品生产能力，充分利用已积累起来的要素禀赋优势由内及外地实现我国制造业企业转型升级及高质量发展成为当前须重点关注的问题。

产品关联是产品空间理论的核心概念，它可以反映两种产品进行转换时所需生产能力的相似性，如果企业出口产品与当地企业的产品有较高的关联程度，表明出口企业与当地企业在生产能力方面也具有较高的相似性，集群内企业具备更好的要素禀赋效应、知识溢出效应及规模经济效应，从而更有助于企业转型升级及高质量发展。

以出口产品质量为例，图1-1反映了2001—2015年是否生产并出口省内和城市内具有比较优势产品的出口产品质量变化趋势。可以看到，省内与城市内具有比较优势产品的出口产品质量明显更高。其中，有城市内比较优势产品的出口产品质量最高。这说明不同地理范围内产品关联有助于促进企业的产品质量提升

---

[1] 李昕，徐滇庆. 中国外贸依存度和失衡度的重新估算——全球生产链中的增加值贸易[J]. 中国社会科学，2013（1）：29-55，205.
[2] 苏庆义. 中国国际分工地位的再评估——基于出口技术复杂度与国内增加值双重视角的分析[J]. 财经研究，2016，42（6）：40-51.

及高质量发展。

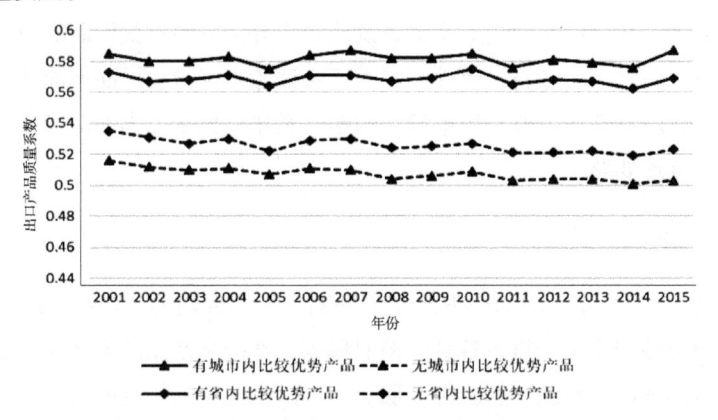

图 1-1　制造业企业有无省内和城市内比较优势产品分类下的出口产品质量

但同时，关联网络中，大量相关企业及配套厂商集中在某一区域也有可能会加剧企业在产品市场、生产要素及公共资源等方面的竞争，导致生产成本上升，企业利润被压缩，创新投入减少，进而影响企业转型升级与高质量发展。那么，在国内国际双循环的新发展格局下，产品关联如何影响我国制造业企业高质量发展？其影响机制是什么？影响效应又如何？通过查阅国内外相关文献，目前关于产品关联的相关研究主要集中于从国家、区域层面关注产品关联对经济发展质量和产业升级的影响，微观层面的研究则主要聚焦产品关联对企业出口及新产品发展等的影响[1][2][3]。关于产品关联对企业高质量发展问题的探讨，现有文献还未论及，也未对此议题展开具体研究。基于此，本书尝试深入分析产品关联、我国企业高质量发展的现状，解析产品关联对我国制造业企业高质量发展的影响机理，设定计量模型探究影响效应和机制，以期从产品关联的视角提出相应的对策与建议。

二、研究意义

基于上述研究背景，本书首先梳理产品关联、企业高质量发展的相关研究文

---

[1] 吴小康，于津平．产品关联密度与企业新产品出口稳定性[J]．世界经济，2018，41（7）：122-147．
[2] 孙天阳，许和连，王海成．产品关联、市场邻近与企业出口扩展边际[J]．中国工业经济，2018（5）：24-42．
[3] EUM W, LEE J D. Role of production in fostering innovation[J]. Technovation, 2019（84/85）：1-10.

献并界定相关概念，在系统厘清微观层面产品关联对制造业企业高质量发展影响机制的基础上，从创新驱动、效率提高及质量提升三方面对我国制造业企业高质量发展进行了典型事实考查；此外，本书还实证考查了微观层面不同地理范围内产品关联对我国制造业企业高质量发展的影响及作用机制。本书对于理论探索及现实发展具有重要意义。

（一）理论意义

（1）拓展了产品空间结构下产品关联的理论研究内容。产品关联表征的是产品空间中两种产品生产能力禀赋的相似程度，这两种产品的生产能力禀赋越接近，周边可供选择升级的产品越多，那么这个国家或地区越可能实现产业升级与经济发展。可见，产品空间理论视角下的产品关联研究始于产业转型升级及经济发展，近年来也有部分文献关注产品关联对产品多样化等的影响，但还未有研究结合产品空间结构下的产品关联考查其对我国企业高质量发展方面的影响，基于此，本书从创新驱动、效率提高及质量提升三个视角首次开展理论分析，并实证考查了产品关联对我国制造业企业高质量发展的影响。

（2）从企业层面提出了不同地理范围内产品关联的测度方法。不同于既有的多数研究，本书将全球视野下的产品空间递进到一国区域范围内的产品空间，从企业微观层面考查不同地理范围内产品关联对我国制造业企业高质量发展的影响，在既有研究的基础上，较早提出了企业层面不同地理范围内产品关联的测度方法，并从企业层面进一步对企业创新驱动、效率提高及质量提升问题进行研究。

（3）丰富了企业高质量发展的内涵及评价体系。既有的关于企业高质量发展的内涵及测度标准多源自宏观高质量发展的五大理念或管理学相关理论，而忽视产品质量这一最为关键的因素及内容；事实上，产品质量才是评价企业高质量发展的根本指标，因此，本书将产品质量纳入企业高质量发展的评价体系，并从企业出口产品质量的视角进行考查，从而形成了企业创新驱动、效率提高与质量提升三维度的评价指标体系。

（4）验证了产品间溢出效应在企业高质量发展中的作用，充实了溢出效应方面的研究。在企业发展过程中，产品间的外部效应与企业间的外部溢出同样重要。

（二）现实意义

（1）本书科学地描述了我国制造业企业产品关联的分布状况及高质量发展

的现状，充分展示了我国制造业企业产品关联及在创新、生产率及产品质量方面的典型事实，同时系统地梳理了我国制造业企业形成与演化的过程，这不仅有助于厘清其发展的过程，为我国不同产业、不同区域的产品关联提供重要的线索，而且为高质量发展提供了事实依据。

（2）通过考查微观层面产品关联对企业高质量发展的影响效应及作用机理，本书强调了产品间溢出效应及集聚经济的重要性，以及我国企业高质量发展所具有的路径依赖特征，这对于我国制造业高质量发展及企业未来创新发展的方向都具有非常重要的指导意义。

（3）本书从创新驱动、效率提高及质量提升三方面探讨微观层面产品关联对企业高质量发展的影响，有助于进一步突出动力变革、效率变革及质量变革在我国经济高质量发展中的重要性，并为不同行业、地区及企业高质量发展的政策思路提供微观依据及借鉴意义。

第二节　产品关联研究目的和内容

一、研究目的

本书基于产品空间理论下的产品关联为研究视角考查不同地理范围内产品关联对我国制造业企业高质量发展的影响。具体而言，主要包括不同地理范围内产品关联对企业创新驱动、企业效率提高及企业质量提升的影响效应及作用路径。首先，本书通过对相关文献进行梳理、总结及对概念进行界定，厘清了本书的研究对象、研究范围及边际贡献，同时在理论分析及机理研究的基础上为实证研究提供坚实的理论支撑。其次，本书通过统计分析方法对我国制造业企业产品关联的分布特征与高质量发展的形成演变及现状进行了描述及分析，为研究产品关联对我国制造业企业高质量发展的影响提供了现实依据及参考。再次，本书就不同地理范围内的产品关联对企业创新驱动、效率提高及质量提升的影响分别进行了实证研究。最后，根据不同地理范围内产品关联对企业创新驱动、企业效率提高及企业质量提升的影响的研究结论提出政策启示及对策建议。

具体而言，本书的研究目的主要有以下几点。

第一，通过梳理相关研究文献，界定产品关联、企业高质量发展的内涵，整理和分析理论基础，以厘清不同地理范围内产品关联对企业高质量发展的分析框架及理论机理。

第二，考查产品关联与我国制造业企业高质量发展的现状。这部分主要包括两个内容：一是探究我国制造业企业产品关联的分布特征；二是考查我国制造业企业高质量发展的演化过程及典型事实特征。

第三，验证不同地理范围内产品关联对企业高质量发展的影响效应及作用路径，具体而言就是从微观层面实证考查不同地理范围内产品关联对企业创新驱动、效率提高及质量提升的影响及机理。

第四，检验微观层面产品关联对企业高质量发展的异质性影响，以及异质性的来源及应对之策。

第五，基于研究结论，提出切实可行的政策启示和对策建议，以更好地实现我国制造业企业高质量发展。

二、研究内容

本书研究内容包括六部分。第一部分系统梳理产品关联、企业高质量发展等相关文献并对相关研究现状进行了述评，同时在概念界定的基础上，结合本书研究的理论基础，明确了产品关联对我国制造业企业高质量发展的分析框架及影响机理，从而为后续的研究提供了坚实的理论依据。第二部分基于中国海关数据库、中国工业企业数据库以及知识产权相关数据库等提供的数据探究了我国制造业企业产品关联的典型事实特征，以及高质量发展的演化过程和典型事实特征。第三部分实证考查了企业层面不同地理范围内产品关联对我国制造业企业创新能力的影响效应及作用路径。第四部分验证了不同地理范围内产品关联对我国企业全要素生产率（TFP）的影响效应及作用渠道。第五部分从产品质量的视角实证考查了不同地理范围内产品关联对企业出口产品质量的影响及作用路径。第六部分在对研究结论进行总结的基础上，提出了切实可行的政策启示与对策建议。具体的研究内容如下。

第一章为导论，首先主要介绍了本书的研究背景及选题的意义，其中研究意义包括理论意义及现实意义；其次分别从研究目的、研究内容、研究方法及技术路线等方面进行梳理；最后，总结了本书的主要创新点及存在的不足之处。

第二章为相关文献的综述部分，主要从产品关联、企业高质量发展及产品关联对企业高质量发展的影响三方面对本书相关的研究文献进行了系统而深入的梳理。

第三章为本书的理论分析部分。主要涉及概念界定、理论基础及机理分析等内容。首先在文献回顾及逻辑推理的基础上，界定了产品关联及企业高质量发展的概念，明确了本书的研究对象及研究范围。其次，分别从产品关联与企业高质量发展两个方面探讨了其理论依据，其中产品关联的理论基础主要有产品空间理论、产业集聚的外部性理论与演化经济地理学理论，企业高质量发展的理论依据则是创新理论及企业能力理论。最后，在上述理论的基础上，本书提出了产品关联对我国制造业企业高质量发展的分析框架，并分别从不同地理范围内产品关联对企业创新驱动、效率提高及质量提升的影响进行了机理分析。上述梳理和分析，为实证研究提供了坚实的理论基础。

第四章为产品关联与我国制造业企业高质量发展的典型事实。主要包括两部分，即我国制造业企业产品关联的典型事实与制造业企业发展的典型事实。第一部分主要从我国制造业企业产品关联分布特征的总体估计、地区层面分类特征、行业层面分类特征及贸易方式分类特征几个方面进行了阐述。第二部分首先具体分析了中华人民共和国成立以来我国制造业企业高质量发展形势的形成与演化；然后分别从创新能力、生产效率及产品质量视角分析了我国制造业企业高质量发展的典型事实特征，为后文分析产品关联对我国制造业企业高质量发展的影响提供现实依据及参考。

第五章为产品关联对我国制造业企业创新能力的影响效应及作用路径研究。这部分首先根据前文的分析框架及影响机理构建了计量分析模型，并在对相关变量进行测度的基础上实证分析了企业层面不同地理范围内产品关联对企业创新能力的影响，同时分别从改变核心解释变量与被解释变量的测定方法、采用 Probit 模型估计及考虑内生性问题等方面进行稳健性检验，进而验证研究的可信度。然后分别从企业属性、地区分布及技术水平方面进一步考查了异质性影响。最后还从人力资本提升及学习效应两方面实证检验了产品关联影响我国制造业企业创新能力的作用路径。

第六章为产品关联对我国制造业企业效率提高的影响及作用路径研究。主要包括计量模型设定、基准结果分析、异质性分析及作用机制检验。本章首先在前文理论分析的基础上构建基准计量模型并进行了实证检验，其次通过改变核心解释变量与被解释变量的测定方法，在考虑内生性问题的基础上进行稳健性检验，进一步考查基准回归的有效性和可信度。再次，本书进行了异质性检验，主要从贸易方式、地区分布及产品类型方面进行了考查。最后，从技术创新、知识溢出及成本机制三个渠道对其作用机制进行了检验。

第七章从产品质量的角度考查不同地理范围内产品关联对我国制造业企业质量提升的影响及作用机制。首先，根据理论分析部分的内容构建基准计量模型，并对企业出口产品质量进行测算，然后实证考查不同地理范围内产品关联对企业出口产品质量的影响效应，同时在稳健性检验的基础上，进一步从企业的贸易方式、地区分布及技术水平三方面进行异质性检验，最后，验证产品关联对企业出口产品质量的作用路径。

第八章为本书的研究结论、政策建议及研究展望部分。本部分在前文理论分析及经验研究的基础上，概括总结了本书的主要结论，同时为实现我国制造业企业高质量发展提出了切实可行的政策启示和对策建议，最后在已有研究的基础上，本书指出了未来可能的研究方向。具体框架见图1-2。

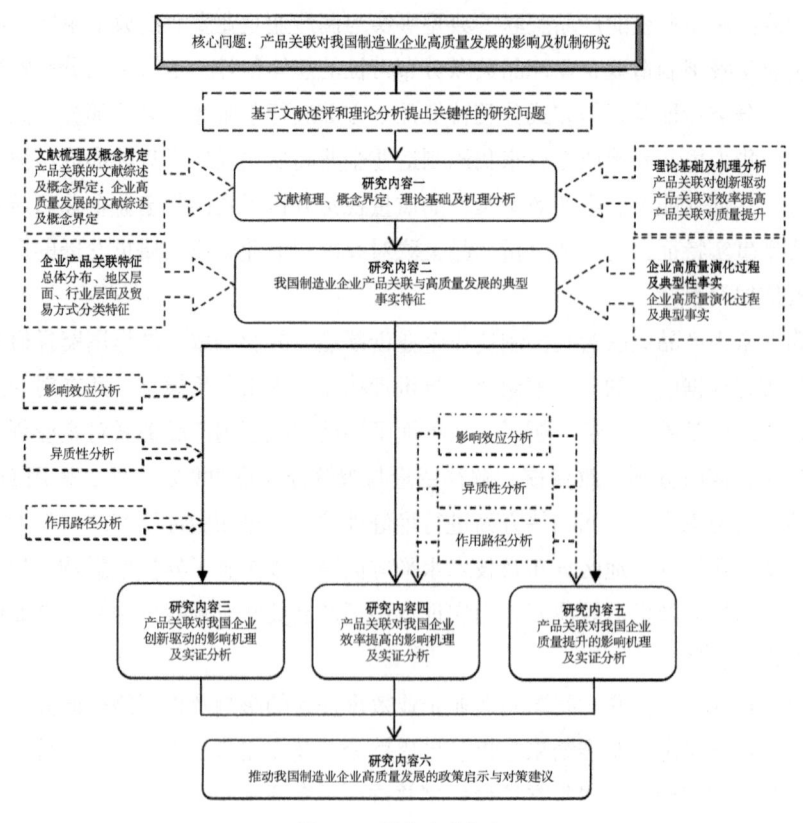

图1-2 研究内容框架

第三节　产品关联研究方法与技术路线

一、研究方法

（一）调查研究与文献资料研究相结合

本书首先在查阅与梳理国内外相关文献的基础上，全面分析产品关联及企业高质量发展等的研究现状，然后通过调查研究联合国贸易数据库、中国海关数据库、中国工业企业数据库及知识产权相关数据库等研究所需的统计数据，为后文的机理分析及实证研究夯实基础。

（二）统计分析与经验研究相结合

本书在第三章的基础上为后文第五章至第七章的经验研究提供了坚实的理论依据。经验研究检验了不同地理范围内产品关联对我国制造业企业创新驱动、效率提高及质量提升的影响，从而证实了产品关联对我国企业高质量发展的促进效应以及我国企业高质量发展所具有的空间集聚性和路径依赖特征。

（三）逻辑推理和归纳总结相结合

本书在文献梳理及述评、第三章的理论分析部分以及第八章的政策启示与对策建议部分时均广泛采用逻辑推理进行分析，在此基础上结合固定效应模型与工具变量等方法，探究不同地理范围内产品关联对我国制造业企业在创新驱动、效率提高和质量提升等方面的影响效应及作用机制。

二、技术路线

本书的技术路线如图 1-3 所示。

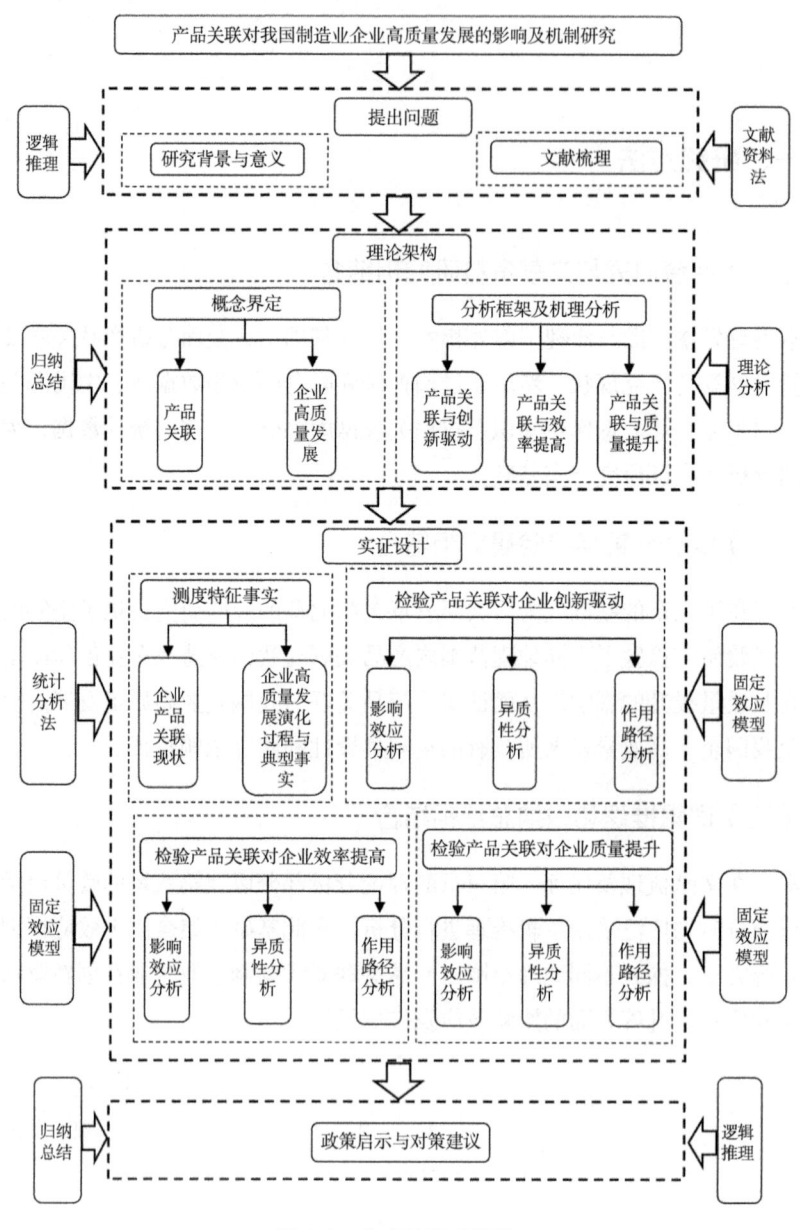

图 1-3　本书的技术路线

第二章
产品关联与企业高质量发展研究现状

本章将从产品关联、企业高质量发展及两者之间的关系三方面对相关文献进行梳理及评述。

第一节　产品关联的研究现状

产品关联的研究始于 R.Hausmann 等,他们首先通过出口贸易数据测算了产品之间的关联度并据此构建了产品空间,发现由关联程度不同的产品所构成的产品空间存在显著的空间异质性,一种出口产品的关联密度高低与其所在地区生产的其他产品之间的关联度紧密相关。随后,国内外众多学者开始对不同层面产品关联的影响因素及其对产业转型升级与产品多样化的影响开展研究。需要说明的是,本书的产品关联有狭义与广义之分。狭义的产品关联仅表示产品之间的联系,即产品关联度;广义的产品关联包含产品关联度及产品关联密度等相关概念,其中,产品关联密度是指产品与其所在地区其他企业生产的产品之间的平均关联度。本章主要探讨广义的产品关联。

一、产品关联的影响因素

近年来,国内外学者开始从不同视角对产品关联的影响因素开展研究,并取得了许多有价值的研究成果。

对于产品关联影响因素的研究大致可以分为两个阶段。第一阶段主要在

2007年以前，这一阶段的研究主要是基于先验性假定，也就是假设影响产品关联度的诸多因素都是无特异性的。比如，早在1984年，E.Leamer就利用10分位分类法分析了不同产品间的关联性程度，发现劳动力、土地及资本等这些广泛的生产要素会影响产品间相似性。R.J.Caballero等通过构建一个基于新产品创造的经济增长模型，利用美国专利数据研究发现新产品取代旧产品与生产率水平及旧知识在产生新思想方面的力量相关，强调了创造性破坏和知识溢出所发挥的突出作用。S.Lall得出了类似的结论，即认为技术复杂水平是影响产品相似性的重要因素。M.L.Lahr等则进一步以棉花、纱线、布料及服装等为例，从价值链的角度进行考查，结果显示，不同产品间的关联程度还与产品价值链中的投入或产出紧密相关。此外，D.Acemoglu等还发现制度质量也是影响产品间相似程度的重要因素。国内方面，相关研究较少涉及产品关联影响因素，且多从市场营销视角考查新产品与原有产品的相关性问题，如曹华林从品牌延伸的基本模式出发，认为产品之间的关联性包括强关联延伸、弱关联延伸和无关联延伸三类，且不同产品间的关联性程度主要体现在工艺、功能、材料及形式等方面。

与第一阶段相比，第二阶段对产品关联影响因素的研究主要以不可知论为方法论，从产品关联度指数结果出发，对其影响因素进行经验研究。如C.A.Hidalgo等阐述了如果两类产品在劳动力、物质和人力资本、物资投入、制度、环境条件、技术或基础设施等方面越类似，那么一个国家就越容易在生产或出口一类产品的同时生产并出口另一类产品。也有学者发现，产品关联主要源于投入联系、产出联系、劳动力池效应及知识溢出，这四种关联来源都可显著促进一个产业在该地区的产业升级。与此研究结论类似，D.Bahar等在基于出口产品与原有出口产品经济相关性的基础上分析了出口产品出现和增长的竞争机制，结果表明，技术关联、劳动力共享及投入产出关系也是影响产品间关联程度的重要因素，其中，技术关联被广泛应用于诠释新产品、新技术及新产业的兴起。这些研究成果突出认知关联性的重要性，认为产品间的技术关联对宏观层面及区域层面的产品演化发挥了显著的作用。同时，贺灿飞还基于演化经济地理学视角，考查发现认知关联性、组织关联性、制度关联性、社会关联性和地理关联性均显著促进了产品之间的空间演化，但其影响效应存在显著差异，其中地理关联性分别与社会关联性及制度关联性有着互补关系。不仅如此，贺灿飞还发现国家层面的产品关联除受到其以往生产结构因素，还受制于产业特征、区域制度及与其他国家的地理距离、政治关系及国家贸易关系联系程度等因素。此外，周沂等还进一步从城市层面研究了我国城市出口产品的演化问题，结果显示，对外联系、技术关联、集聚经济和制度环境显著影响了城市现有产品结构的关联及演化。从上述内容可知，相关研究主要关注产品之间的生产联系，但几乎同时忽略了来自需求层面的联系。为此，吴小康等认为企业层面的产品关联不仅应包括生产方面的因素，如投入产出联系、劳动力池效应及知识溢出，还应有需求方面的因素，如国际市场需求联系等。

二、产品关联对产业转型升级的影响研究

产品空间理论是基于复杂经济学及演化经济地理学等学科研究产业演进升级的前沿理论。该理论认为，一个国家及产业的发展体现为其产品从简单到复杂的升级，以及产品空间从边缘区到核心区的演化过程，因此，产品空间结构的演变及生产能力禀赋是决定一个国家或地区经济增长绩效、产业分布及产业升级的关键因素。

C.A.Hidalgo 等及 R.Hausmann 等首先提出了产品空间理论，并从产品的视角为比较优势赋予新的内涵，认为一国生产能力的禀赋影响了该国比较优势转换和产业升级路径。随后学者们陆续利用各国或地区贸易数据研究全球及国家层面的产品空间结构及产业演化过程。A.Jankowska 等基于产品空间理论考查了亚洲与拉丁美洲的国家产业结构转型过程，发现一个国家或地区要实现产业结构转型升级，依赖转换产品间相互关联性和生产能力的积累。B.Ferrarini 等通过构建包含 144 个国家的产品空间，在对比中美两国产品空间差异的基础上，提出了未来产业结构升级及发展的方向。F.Neffke 等则将研究重点转移至区域范围，通过考查瑞典的制造业情况，发现与当地现有产业关联更大的行业进入该地区的可能性更大。R.Boschma 等探讨了西班牙区域产业多样化发展过程，发现其新兴产业与原有产业间的能力转换主要发生在区域层面，且其区域范围内的多样化生产也与其原有的产业结构紧密相关；并基于产品空间理论，利用 2000—2012 年美国各州贸易数据探讨其新产业的发展，结果表明美国各州新产业的发展与其邻近地区相关产业的专业化程度紧密相关，这也证实了产业升级进程中空间效应的存在。在企业层面，有学者利用 2000—2011 年中国企业—产品层面数据实证考查了企业内部及企业间知识溢出对企业升级的影响，结果表明源于企业内部及企业之间的认知关联性，有助于企业利用其内部能力和知识溢出多样化生产与当地生产结构密切相关的产品，尤其重要的是，在产业多元化过程中，企业会更多地依赖企业的生产结构，而非当地可获得的特定产品知识集；同时，该研究特别强调在中

国，企业之间的知识溢出虽可促进企业多元化，但对企业升级也有一定程度的抑制。此外，还有部分学者认为产业升级及新产业的出现也并非完全依赖现有的生产能力禀赋，其他外部政策变量及政府支持也发挥着很大的作用，如撒哈拉以南非洲地区的产品结构位于全球产品空间的边缘区域，因此可以借助政府的产业政策来实现其产业升级。同时，也有研究证实了产业政策、政府支持等对于地区产业升级、新产业的形成及发展有着积极的作用。

与国外此类研究相对较少不同，处于发展转型期的中国对于产业转型升级的问题更为重视，从产品空间视角进行的研究为数不少。随着产品空间理论在我国被逐步引入，国内学者开始从不同产品或产业空间层面刻画产业演变的特征及规律。如张其仔等在国内较早从产品空间理论视角阐述了比较优势演化与中国产业升级路径的选择，也有人认为产品空间结构理论强调比较优势的动态化过程，可以为我国出口产品结构的演化提供有益的启示，并且认为当前应着重从宏观层面研究生产能力禀赋与产业升级的关系。贺灿飞等则基于区域层面，考查了我国31个省（自治区、直辖市）的出口产品空间演化路径，研究发现，我国四大区域的产业转型方向与路径各有不同。其中，2001—2007年，四大区域的产品空间演化主要遵循路径依赖过程，受制于技术关联的影响；但2008—2013年，东中部及东北地区的产品空间依然受到技术关联的影响，西部地区则表现为路径突破的演化过程。刘守英等基于产品空间理论，采用1995—2016年的出口贸易数据描述了我国产品空间变化和产业升级演化的过程，并指出了中国未来产业转型升级的可能方向。同时，部分研究还从产品空间结构视角考查了国内外产业升级问题。例如，有人利用产品空间结构理论探讨了日本制造业出口结构转型及升级方向。也有人比较了中韩两国产业升级在产品空间结构及经济发展战略等方面的差异，分析了我国产业升级的机会以及可能的发展方向。还有人研究了中印两国产业升级的路径以及现有比较优势的关系。张亭等基于全球贸易数据，通过产品空间理论相关指标实证比较了中美及中日的产业升级路径，并发现我国的产业升级依靠其地区的生产能力禀赋优势。

随着研究的深入，国内学者开始通过产品空间理论分析产业比较优势演化，强调产品关联性或生产能力禀赋对国家或地区产业发展及产业升级的重要性。他们认为，如果国家或地区出口具备比较优势的产品间的关联性越紧密，那么该国或地区会因为生产和交易成本的减少而具有更强的产业竞争力。

徐孝新等从产品空间理论出发，探讨了生产能力禀赋对我国产业转型升级路径的影响，发现生产能力禀赋既有助于地区产业转型升级，还可抑制现有产业退出。蒙大斌等则借助中国各省的产品数据，分析了产品关联对产业升级的空间效应，结果显示产品关联正向推动了区域产业升级，同时，研究发现东部地区的空间效应相对中西部地区更为显著。与此相比较，刘威的研究则更进一步，发现我国出口产品关联显著促进了我国产业新产品的研发活动。万金等与伏玉林等的研究则分别从行业与地区视角考查了产品关联对农产品比较优势变动与江浙沪地区产业转型升级的影响，结果发现产品关联对农产品比较优势转化与江浙沪地区的产业创新均具有积极作用，同时有助于抑制该地区产业衰退。此外，在肯定生产能力禀赋对产业升级具有积极作用的同时，部分研究还引入其他变量，以更深入考查其影响。如毛琦梁等实证分析了比较优势对地区产业升级的影响，结果表明，地区产业升级受累计生产能力禀赋的影响，不过其影响程度还取决于地区的交通是否方便。马海燕等与刘林青等还在考查产品关联对产业升级影响的同时，分别加入了产品复杂度及产品机会收益变量，进一步分析其产业升级效应，研究结果显示，不仅产品关联对产业升级有着显著的正向提升效应，产品复杂度及产品机会收益也发挥着重要作用。

在上述研究的基础上，马海燕等和刘林青等利用国家—产品层面贸易数据，在考查产品关联与产业升级关系时，发现产品关联推动产业升级存在一个阈值，一旦超过这个阈值，产品关联就会抑制产业的升级及发展。此外，现有研究还表明，国家或地区的产业升级可能处于偏离和遵循比较优势之间，如张其仔等的研究就显示，全球主要经济体的产业升级并未完全遵循比较优势。其中，张亭等的研究就发现中国的产业升级是遵循比较优势，显示了路径依赖特征，美国的产业发展则与此相反，更多表现为跨越式升级。近年来也有学者指出，后发国家也可通过产业政策一定程度上偏离比较优势，从而实现经济迅速增长[①]。

此外，还有部分文献从微观层面探讨产品关联对企业转型升级的影响，但这方面的研究较为少见，该研究结合产品空间理论和异质性企业理论，通过构建企业—产品层面的产品密度指标，研究企业产品转换的机制，并经验分析这种产品转换是否有利于企业的转型升级。结果显示，企业的出口产品转换行为取决于企业的要素禀赋和产品的空间位置，同时企业平均产品关联可通过产品转换行为显著促进企业出口产品升级[②]。

---

① 邓向荣，曹红. 产业升级路径选择：遵循抑或偏离比较优势——基于产品空间结构的实证分析[J]. 中国工业经济，2016（2）：52-67.
② 胡贝贝，靳玉英，姚海华，等. 中国企业出口产品转换与升级研究——基于产品空间视角的分析[J]. 国际贸易问题，2019（5）：41-53.

三、产品关联对产品多样化的影响研究

国内外相关研究表明,产品间的关联效应是技术发展与产品多样化的重要动力,它提供了新技术发展和产品多样化演进的方向与路径,如果一个国家或地区不具备新技术发展或产品多样化发展的关联效应优势,其可持续发展将难以实现。关于产品关联对产品多样化影响的文献主要沿国家层面、地区层面和企业层面验证产品多样化的路径。在国家层面,R.Hausmann 等发现各国利用"产品空间"中的关联性产品来促进其出口贸易,由于可以利用产品间关联效应,产品间关联性越大的国家开发出口新产品的可能性越大。他们提出了产品关联理论,并阐述了产品多样化的由来和国家层面创造新的经济增长路径的方式。R.Boschma 等研究了欧盟成员国和欧盟目标国的工业多样化进程,结果表明生产结构的演变具有很强的路径依赖性,国家倾向于在与当前生产结构密切相关的产品上保持比较优势,同时在邻近产品上保持多样性。结果还显示,与欧盟目标国相比,欧盟国家在相关进口部门的新产品多样化方面表现出强大的能力。在地区层面上,有学者考查了美国 49 个州的产业结构与新兴产业发展等问题,结果表明其新产品多样化都倾向于借助原有经济能力禀赋,而且这种能力还受制于当地研发水平及集群能力。也有学者通过构建一个关联密度指标来捕捉每个地区当前产业结构和出口产品之间的关联度,以便考查现有生产能力禀赋在产品多样化过程中发挥的作用。结果证实当前存在的经济活动对产品多样化有着积极作用。并且,产品多样化的过程是高度路径依赖的,邻近地区的溢出效应发挥了重要作用。而且,由于生产变革的过程更易发生在产品关联密切的行业,因此,区域和国家两级政府可以利用现有的生产能力禀赋在这些行业中培育经济活动。Q.Guo 等以 2000—2011 年中国海关产品层面数据为基础,探讨中国区域层面出口产品的空间演化,发现地区倾向开发与现有产业结构相关的新产品,强调关联性在区域工业多样化中的关键作用。A.Lo Turco 等还从微观层面考查了产品关联在企业产品多样化方面的作用。他们研究了土耳其制造业企业和当地产品的生产能力在促进产品多样化方面的作用。结果表明,较落后的东部地区新产品的引进与其工业产出的演进有着重要的联系,而新产品的引进主要受到企业内部产品特定资源的影响;相反,较发达的西部地区产品创新,相对而言更多地取决于当地技术相关能力的可用性。C.S.Hazir 等探讨了企业层面出口范围变化的决定因素,研究发现企业倾向于调整其出口产品的组合,以使生产和出口能力与本地区产品关联更紧密,

如果企业改变其出口范围，那么往往是那些与本地区产品关联更紧密的新产品有更高的出口收入。

在国内，此方面的研究开展较少。孙天阳等研究发现，中国企业出口多样化产品销往新市场是其扩展出口范围的主要方式，企业在扩展出口范围的过程中存在一定程度的路径依赖，与当地企业的产品关联和市场邻近有助于提升出口扩展边际表现。陈紫若等通过测度企业内部产品间的技术距离提出了企业跳跃距离指标，实证分析了企业跳跃距离、出口多样化对出口二元边际的影响，研究发现，企业跳跃距离的减少有助于改善产品、地理及产品组合多样性，其中对于地理多样性的促进作用尤为突出，并间接拓展了出口产品的二元边际，进一步表明路径创造具有重要作用。[1]

第二节　企业高质量发展的研究现状

高质量发展是党的十九大首次提出的，随着我国经济发展方向的转变，高质量发展研究逐步进入学者专家的研究视野，且研究热度越来越高。高质量发展需要坚实的微观基础，企业是提高经济增长质量的微观主体，只有企业实现高质量发展才能从根本上推动经济增长方式从粗放型向集约型转变。因此，在新时代背景下，研究企业的高质量发展无疑是当前的重要议题。本节将从企业高质量发展的驱动因素、企业高质量发展的评价指标及测度与企业高质量发展的路径三个方面予以考查。

一、企业高质量发展的驱动因素

在考查企业高质量发展水平的基础上，学者们利用理论分析及实证检验的方法研究企业高质量发展的驱动因素，结果表明企业高质量发展主要受制于企业外部宏观环境与自身特征及行为。

---

[1] 陈紫若，刘林青. 企业跳跃距离、出口多样性对出口二元边际的影响研究[J]. 国际贸易问题，2022（2）：140-157.

（一）外部宏观环境

从企业所处的外部宏观环境来看，主要包括政府治理及制度建设、金融市场发展及营商环境、财税政策、基础设施建设及环境规制等。

1. 政府治理及制度建设

S.A.Asongu 等的研究发现，政府治理可以通过提高投资水平与人力资本水平、降低私人投资比例等诸多措施来促进企业的高质量发展。在国内，2019年就有学者考查了文明城市评选对企业高质量发展的影响，并发现文明城市的创建可以促进企业高质量发展，其中介机制主要通过改变城市的环境规制水平和外部交易成本实现。随后，张建平等、汪兵韬等、余龙等及董志愿等又分别从巡视监督制度、"省直管县"改革、行政审批制度改革及政府审计视角考查其对企业高质量发展的影响，研究结果显示，除"省直管县"改革对企业高质量发展呈现出抑制效应外，其他政府治理及制度建设措施均对企业高质量发展发挥了显著的正向促进作用。此外，付奎等与张思涵等还从更加宏观的层面研究了国家全面创新改革与服务型政府建设的影响，结果同样表明，全面创新改革试点和以"电视问政"节目为表征的服务型政府建设均显著提高了企业发展质量，且前者的政策效应还表现为动态增强态势。

2. 金融市场发展及营商环境

金融市场发展关乎企业资源的获取和配置，为我国企业转型发展提供了动力与源泉，是推动企业高质量发展的重要途径。D.Asteriou 等的研究证实金融市场的发展可通过融资约束来缓解，从而促进出口企业发展质量的提高。李佳霖等则以中国上市企业为研究样本，发现我国金融市场发展与企业高质量发展表现为倒"U"形关系。胡天杨等与张超等的研究则分别探讨了绿色金融和数字金融的影响效应。贾丽桓等与沈勇涛等则分别以我国资本市场开放和利率市场化改革为视角，实证检验了其对我国企业发展质量的影响，研究表明资本市场开放与以企业全要素生产率为表征的企业高质量发展呈现出显著的正相关关系，贷款利率市场化改革更有利于民营企业的内涵式发展，但对促进国有企业的高质量发展作用有限。随着我国经济发展进入新常态，各级政府高度重视营商环境的建设，大量的改革举措取得了显著的成效。其中，李强首先从知识产权保护视角分析其对制造业企业发展质量的影响，发现知识产权保护与企业高质量发展呈现出正"U"形关系。陈太义等与周泽将等的研究直接将营商环境变量纳入分析框架，实证检验了营商环境建设对我国企业高质量发展的影响，结果均验证了优化营商环境对企业发展质量的提高具有显著效果。邵传林则进一步从地区营商环境的视角考查其影响，结果表明地区营商环境的优化同样助推了我国民营企业的高质量发展。

3. 财税政策

有研究认为，政府财政补贴可能存在挤出效应，尤其在整体创新投入较低的情况下，可能无法起到推动企业转型升级的作用，其中，陈昭等的研究就检验了政府补贴对企业发展质量的影响，结果表明政府补贴实质上阻碍了我国上市制造业企业的高质量发展。与此相反，税收政策因具备良好的市场化特征和政策导向性，对企业发展能产生持续的激励效果。罗斌元等的研究发现，税收优惠政策的实施对企业的高质量发展起到了显著的促进作用。薛菁等在新一轮减税降费的背景下，探讨了减税降费政策对我国制造业企业高质量发展路径的影响，研究表明政府的减税降费政策有助于从资金、技术、营商环境等路径助推企业发展质量的提高。与此研究视角相类似，杨林等则主要考查减税降费对中小企业高质量发展的影响，结果同样显示，减税降费有助于通过促进企业生产率和价值创造能力的提高赋能企业高质量发展。伴随当前经济下行压力的不断加大，政府的债务融资行为对企业的生产经营行为造成了不可忽视的负面影响，如詹新宇等的研究就发现，基于地市级政府债务数据及上市企业相关数据，地方政府的债务融资行为显著抑制了我国相关企业的高质量发展。

4. 基础设施建设

高铁等基础设施建设由于具有显著的外部经济效应，其对企业的高质量发展有着明显的促进作用，主要原因在于高铁开通对于非枢纽城市企业生产率有正向提升效应。除了高铁外，作为新型基础设施建设重要内容的工业互联网也受到广泛关注，有学者考查发现工业互联网主要通过发展新的分工、降低要素成本及信息搜寻成本，实现产业间协同，从而推动企业转型升级和高质量发展[1]。孙颖等则将研究视角扩展到"宽带中国"战略，其研究表明"宽带中国"战略的实施在促进我国信息化发展的同时，还有力助推了企业的高质量发展，且这种推进作用不仅未随时间推移发生递减，反而表现出递增而后渐趋平稳的态势。不仅如此，刘伟丽等与王贞洁等还分别从智慧城市建设与低碳城市试点两方面考查了其对企业高质量发展的影响，结果同样表明智慧城市建设和低碳城市试点皆有助于促进

---

[1] 胡浩志，孙立雪. 高铁开通促进了非枢纽城市企业高质量发展吗？[J]. 财经问题研究，2021（12）：123-132.

企业发展质量的提高，特别是低碳城市建设还可进一步发挥经济效益和社会效益的统筹作用。

5.环境规制

环境规制主要是政府通过各种政策措施对相关企业生产活动进行的管制行为，由于我国逐渐转向高质量发展，环境规制对我国企业生产经营活动的影响日渐深刻，相关学者也开始进行这方面的研究。如郭涛等从异质性企业及全要素生产率分解的角度较早地关注环境规制对企业高质量发展的作用，发现环境规制主要通过倒逼企业技术创新和纠正企业内部与企业之间的资源错配来发挥作用。吕康娟等的研究以环保约谈政策为背景，进一步分析了环保约谈制度对污染排放及重污染上市企业高质量发展的影响。结果表明，环保约谈制度不仅减少了相关地区的污染排放，还显著提高了相关企业的发展质量，即强波特效应。[1]

此外，刘和旺等、孟茂源等及刘松竹等分别从"一带一路"倡议、劳动力成本上升及人工智能技术进步等宏观层面分析了其对企业高质量发展的影响。

（二）企业自身特征及行为

在企业自身特征及行为方面，主要有资本结构及资金状况、公司内部控制及治理、企业管理实践及转型发展、企业创新行为与企业内部非正式制度等。

1.资本结构及资金状况

资本结构是企业各种资本的价值构成及其比例关系，其关乎企业的价值及发展质量。如施本植等通过考查2008—2017年中国上市企业数据发现，企业杠杆率与企业高质量发展呈现出显著的倒"U"形关系，且只有当企业杠杆率小于59.84%时才有助于推动企业的高质量发展。杜勇等则发现机构共同持股可以促进企业全要素生产率的提高，且持股比例及联结程度越高，提升效应越显著。范玉仙等考查了进行混合所有制股权改革的上市企业，发现在一定区间内，混合所有制股权结构改革提升了企业发展质量。另外，也有很多学者从资金及盈利情况考查了其对企业发展质量的影响。常媛等的研究结论证实了企业盈利能力和现金持有对企业高质量发展的促进作用。肖曙光等的研究则表明，我国制造业企业的融资约束已过度，融资约束将成为我国企业高质量发展的一大阻碍。

---

[1] 吕康娟，潘敏杰，朱四伟.环保约谈制度促进了企业高质量发展吗？[J].中南财经政法大学学报，2022（1）：135-146，160.

2. 企业内部控制及治理

夏冰等全首先考查了公司治理水平对混合所有制企业高质量发展的影响，证明公司治理水平能促进企业资本增值能力及企业长期的发展质量的提高，但对企业资本流动性无显著影响。同时，在公司内部的治理结构中，居于权力结构中心的董事会对企业的发展发挥着重要作用。吴成颂等与李雄飞的研究进一步实证了其影响效应。结果表明，董事网络和董事会多元化均可助推企业高质量发展，且越居于董事网络核心就越有助于企业高质量发展，但不同类型董事会多元化对企业发展质量的影响表现出差异性。此外，还有研究发现，作为内部治理机制重要构成部分的内部控制同样有助于推动企业高质量发展。王建新等在此基础上更进一步分析了媒体关注和内部控制对企业高质量发展的影响，结果依然表明内部控制推进了企业的高质量发展，并发现在媒体关注影响企业治理过程中，内部控制发挥了中间渠道作用。

3. 企业管理实践及转型发展

G.Perroni 等在考查企业资源利用效率的影响时，发现美国有些公司均采用了更高效率的管理方式。程虹的研究则在我国实践背景下，进一步强调提升企业管理效率对推动我国企业劳动生产率的提高和高质量发展具有重要意义。同时，随着信息技术和数字科技的不断进步，企业被赋予了新的发展空间及禀赋能力，数字化转型对企业高质量发展的影响开始受到学者们的关注，如岳宇君等发现企业信息化对企业发展质量有着显著的正向提升效应。肖土盛等、武常岐等及王晓红等均从企业数字化及数字化转型角度研究其影响效应，但结论不一致，如肖土盛等的研究结论显示，企业数字化显著推进了企业的高质量发展；武常岐等的研究则认为，适度的数字化转型才能有助于企业的高质量发展；王晓红等的研究进一步发现数字化转型与企业环境绩效及企业全要素生产率之间分别呈现出正"U"形关系及倒"U"形关系。此外，刘冬冬还考查了实体企业金融化转型的影响。

4. 企业创新行为

陈丽姗等的研究认为，由于不确定性及时滞效应的存在，技术创新对企业高质量发展存在先抑制后促进的影响效应，但在融资约束下，其影响效应则刚好相反，即在短期内，技术创新与企业高质量发展成正相关关系，后期则表现为显著抑制效应。杨宗翰等与王昱等以研发操纵为出发点，探讨了研发操纵对企业发展质量的影响，但其研究结果有所不同。其中，前者的研究发现研发操纵显著阻碍了企业高质量发展，而且企业的创新效率越高，则越可能加重研发操纵的抑制效果。后者则发现，研发操纵对企业发展质量是非线性影响，且对企业高质量发展的抑制效应会因研发操纵的增强而不断递增。霍春辉等进一步将研究拓展到产品创新与服务转型方面，发现不同类型创新模式与客户导向服务转型对企业高质量发展的影响存在显著差异。

5. 企业内部非正式制度

林志帆等从非正式制度视角考查企业社会资本对我国民营企业高质量发展的影响，发现清廉的制度环境而非社会资本，才是行业高质量发展的长久之策。李粮在探讨同事关系对企业高质量发展的影响时，发现企业内部不同类型同事关系均有助于企业高质量发展。王芳等则进一步从企业家精神视角分析了其对国有企业高质量发展的作用，强调企业家精神是推进国有企业改革和高质量发展的关键。

二、企业高质量发展的评价指标及测度研究

企业高质量发展是经济高质量发展的微观基础，由于该提法较新，学术界对其内涵界定还存在差异，因此，对于如何定义企业高质量发展，相关学者还未达成共识，其测度指标也不尽相同。但从现有的研究成果来看，主要可以划分为两大部分——单指标视角的测度和多指标视角的测度。

首先从单指标视角来看，主要包括企业全要素生产率指标、企业劳动生产率指标、企业创新指标及企业财务指标等。

（一）基于企业全要素生产率指标的测度

从现有研究来看，企业全要素生产率是衡量企业高质量发展最为经典的指标，其涵盖的信息量大，综合性较强，不仅可以体现企业技术创新水平，还可以反映企业的资源配置情况，因此，企业全要素生产率成为表征企业发展质量水平的核心指标，并作为大部分企业高质量发展研究中的代理变量。

尽管企业生产率指标是企业高质量发展研究中主要的代理变量，但其测度方

法有所不同。部分研究较多地利用 LP 法进行测度[1][2][3]，其理由主要是：LP 法以调整成本较低的中间投入品作为代理指标，可以有效地处理样本损失问题；可以更好地处理选择性及联立性偏误；解决自变量的内生性问题及投资收益不为正的状况等。但同时，也有部分研究采用 OP 法测度企业全要素生产率[4][5][6][7][8]，其原因可能是：与 OP 法测度的结果相比，LP 法存在高估企业全要素生产率的可能性，而且 OP 法还能较为有效地处理内生性问题。此外，还有少量研究采用其他方法进行测度，如吕康娟等利用广义矩（GMM）法对企业全要素生产率进行测度。

（二）基于企业劳动生产率指标的测度

基于企业劳动生产率指标的测度，较有代表性的为石大千等及汪兵韬等的研究。张超等的研究发现，关于企业发展质量的测度较多采用企业全要素生产率或企业劳动生产率指标，虽然企业全要素生产率表征的内容更丰富、涉及的信息更全面，但不同测度方法对其的影响程度不同，计算的结果存在较大差异。同时，企业劳动生产率的计算较为简便，可比性较强，尤为重要的是，李永友还发现企业劳动生产率与企业全要素生产率之间表现为一种正相关关系，而且这种关系呈现出长期与稳定的态势。此外，E.Bartelsman 等对多国数据的实证研究也表明，当一国经济越发达时，其企业劳动生产率与企业全要素生产率之间的差异越不显著。因此，企业劳动生产率也成为衡量企业高质量发展的一种重要测度指标。

---

[1] 贾丽桓，肖翔. 资本市场开放与企业高质量发展——基于代理成本与创新激励视角[J]. 现代经济探讨，2021（12）：105-115，132.
[2] 杨林，沈春蕾. 减税降费赋能中小企业高质量发展了吗？——基于中小板和创业板上市公司的实证研究[J]. 经济体制改革，2021（2）：194-200.
[3] 李小青，何玮萱，霍雨丹，等. 数字化创新如何影响企业高质量发展——数字金融水平的调节作用[J]. 首都经济贸易大学学报，2022，24（1）：80-95.
[4] 余龙，王小龙，张陈. 行政审批制度改革、市场竞争与企业高质量发展[J]. 经济社会体制比较，2021（1）：149-160.
[5] 李佳霖，张倩肖，董嘉昌. 金融发展、企业多元化战略与高质量发展[J]. 经济管理，2021，43（2）：88-105.
[6] 周泽将，雷玲，伞子瑶. 营商环境与企业高质量发展——基于公司治理视角的机制分析[J]. 财政研究，2020（5）：111-129.
[7] 胡浩志，孙立雪. 高铁开通促进了非枢纽城市企业高质量发展吗？[J]. 财经问题研究，2021（12）：123-132.
[8] 武常岐，张昆贤，周欣雨，等. 数字化转型、竞争战略选择与企业高质量发展——基于机器学习与文本分析的证据[J]. 经济管理，2022，44（4）：5-22.

（三）基于企业创新指标的测度

这类研究较多基于创新发展理念视角考查企业发展质量。如林志帆等在考查企业社会资本与民营企业高质量发展之间的关系时，就主要使用企业研发创新指标进行测度，并分别从广延边际与强度边际两方面进行衡量。另外，姚海琳等认为由于发明专利创新要求更高、研发难度更大，更能反映企业发展质量，因此可用企业发明专利申请数量的自然对数来表征企业发展质量。刘冬冬从表征企业创新投入和创新产出出发，构建了企业高质量发展的评价标准。肖土盛等则进一步从创新投入、创新产出及创新效率三个方面的企业创新活动来测度企业发展质量。

（四）基于企业财务指标的测度

沈勇涛等在考查利率市场化对民营企业发展质量的影响时，以企业盈利能力来测度企业发展质量，以此来表征企业由外延式扩张向内涵式发展的转变。陈丽姗和傅元海则认为传统的财务绩效指标已不足以反映企业发展质量，强调企业经济增加值指标更契合经济利润的思想，因为只有当企业经济增加值为正，企业股东价值增加时，企业的高质量发展才能实现。与此类似，王建新等的研究也以国有企业资产保值增值指数来表征企业的发展质量，且以经济附加值（EVA）除以总资本指标进行衡量。

就多指标视角而言，部分研究认为企业高质量发展是内涵丰富的综合性概念，应采用多指标评价法，选取多方面的、具有较强代表性的指标，构建一个综合评价指标体系来表征企业发展质量。如黄速建等率先从学理性视角出发，以国有企业为研究对象，认为国有企业高质量发展的考查应基于综合发展系统、价值实现层次及价值对象范围三个维度。黎精明等在系统回顾国有企业发展质量的基础上，利用主成分分析法以7个维度26个指标构建了国有企业高质量发展评价指标体系，主要涵盖社会价值驱动、资源能力、产品服务、透明开发、管理机制、综合绩效及社会声誉7个方面。周健君和胡有林则在地方国有企业发展特殊性的基础上，通过专家访谈及问卷调查等方法，确定了地方国有企业高质量发展的4个基本维度，即产业地位、创新能力、质量效应及可持续发展，并最终形成包括4个一级指标与24个二级指标在内的地方国有企业高质量发展评价指标体系。

此外，还有部分学者从经济高质量发展五大理念（创新、协调、绿色、开放、共享）的内涵出发，构建企业高质量发展的指标体系，如马宗国等在参考高质量发展内涵的基础上，认为制造业企业的高质量发展主要体现在效益增长、创新发展、绿色发展、开放合作和社会共享等5个方面，基于此构建综合评价体系，并利用上市企业数据进行了实证研究。与此类似，张涛在充分契合高质量发展这一内涵的基础上，构建了包括创新发展、协调发展、绿色发展、开放发展、共享发展及风险防控6个维度、17个一级复合指标和34个二级复合指标的评价体系。杨宗翰等在结合上市公司特点的基础上，形成了包括产品卓越、社会责任、企业动态能力与公司治理在内的上市企业高质量发展评价指标体系。王瑶等则从企业高质量发展的前提保障、表现形式及最终目标出发，通过管理机制与治理机制、创新驱动发展、资源配置效率、产品服务质量与财务质量五大指标体系的评价标准进行衡量。上述针对企业高质量发展的测度基本基于新发展理念，但周志龙等认为，既有的研究都忽视了质量这个最为关键的指标，因此，他们构建了一个涵盖安全合规与质量管理、产品能力与客户能力、供应链管理与平台运营、经营绩效与运营效率4个方面的综合评价理论模型。

与前述研究不同，陈太义等认为高质量发展主要表现出创新与质量两个重要特征，因此其从创新行为和质量行为两个维度对企业发展质量进行了测度。在此基础上，罗斌元等还认为在激烈竞争的市场环境中，企业的发展能力也是不可或缺的，于是进一步从企业发展行为、创新产出行为及质量行为三个角度进行综合评价。夏冰等的研究则突出强调了企业经营能力与盈利能力的重要性，认为企业高质量发展应着重从资本流动性与资本增值能力两个方面进行综合评价。董志愿等则认为企业发展质量要从企业价值创造能力和价值管理能力两个维度进行考查，并运用主成分分析法，最终形成由2个一级指标、5个二级指标所构建的企业高质量发展评价体系。李粮与范玉仙等的研究较为相似，前者以经营性层面和持续性层面的表现作为企业发展质量的测度标准，后者则选取企业创新能力与企业价值两项指标进行测度，同时二者对企业可持续发展表现与企业创新能力基本以创新投入和创新产出进行表征，而对企业经营性表现及企业价值则以每股净资产、每股净收益及每股EVA等进行衡量。此外，王贞洁等与王晓红等都从企业全要素生产率和环境绩效两个维度进行了刻画，区别在于前者以企业环境、社会和治理对环境绩效进行表征，后者则以第三方发布的企业社会责任报告中的环境责任得分进行测度。

三、企业高质量发展的路径研究

企业是推动经济高质量发展的微观主体，然而由于创新能力不足、产品附加值不高、生产管理效率较低等问题的困扰，我国企业一直处于"大而不强"的状态[①]，企业高质量发展的能力亟待加强。为此，学术界进行了许多探索。从既有研究来看，主要可以分为两个层面，即企业外部宏观层面与企业内部微观层面。

（1）从企业外部宏观层面来看，其考查视角主要包括政府治理及制度建设、财税政策、营商环境及市场化发展等。

从政府治理及制度建设来看，余龙等认为我国要通过进一步落实"简政放权"改革，降低政府干预，更好地发挥市场在资源配置中的核心地位，激发企业的创新活力，促进企业发展质量的提高。董志愿等则关注国家审计在推动企业高质量发展中的作用，认为要通过加大审计力度、扩大审计覆盖率、完善审计程序和步骤等推进企业的高质量发展。石大千等和吕康娟等则主要从环境规制及环保约谈制度出发探讨了企业高质量发展，提出要适度提升环境规制强度、推进环保约谈制度建设、加强公众监督与媒体参与、梳理绿色发展理念以及加大创新补贴等措施，以推进企业的绿色转型及高质量发展。张思涵等以及付奎等则强调要通过加快政府职能转变和推动国家全面创新改革促进企业的高质量发展。

在财政政策方面，汪兵韬等认为要加强财政治理改革，提高地区的资源配置效率，进而助推企业和经济高质量发展。李佳霖等则强调金融发展的实体经济导向性原则，认为要优化金融业结构、加强金融监管、提高运行效率，从而更好地发挥其对企业高质量发展的驱动作用。詹新宇等的研究提出，要通过稳控地方政府债务规模、优化政府信贷资本的配置、构建多元化及多层次的外部融资渠道来改善企业的融资能力。

另外，从营商环境及市场化发展方面来看，陈太义等提出要通过市场环境及监管执法的规范、政务服务效能的提高、法律法规的完善等措施优化营商环境，以营商环境的改善来提振企业信心，从而实现企业发展质量的提高。周泽将等的研究同样基于营商环境视角，他们认为营商环境的改善应从政府效率、金融服务、市场及创新环境等方面着手，并提出要通过强化企业治理机制、提升企业治理能力等举措来提高企业的发展质量水平。沈勇涛等则进一步提出要通过推动利率的市场化改革，消除资金供需双方的制度"藩篱"，提高资金的配置效率，助推企业的高质量发展。此外，胡浩志等还从基础设施建设视角提出，要完善高铁布局，以高铁建设引导生产要素的流动，推动市场一体化进程，进而提升非枢纽城市及企业的高质量发展。

（2）从企业内部微观层面来看，其考查视角主要包括技术创新、企业转型

---

① 施本植，汤海滨．什么样的杠杆率有利于企业高质量发展［J］．财经科学，2019（7）：80-94．

发展、企业内部控制及治理等。

从技术创新视角来看，陈昭等认为，企业高质量发展的关键在于激发企业的创新积极性，并为之提供相应的政策支持与制度保障，进而形成以企业为主体、以市场为基础的创新驱动发展通路。刘和旺等也提出要通过高水平的制度型开放提高企业活力，以创新赋能提高企业发展质量。姚海琳等与王昱等则分别从双创示范基地建设与创新激励政策的角度提出了构建适宜企业高质量发展的创新环境建议。李强则认为加强知识产权保护是助推企业发展质量的关键环节，要建立健全科学的知识产权保护措施，强化执法机构的政策执行力。杨宗翰等则提出企业高质量发展的源泉在于以创新和研发为基础的新产品开发以及使产品市场化的能力。石大千等与孟茂源等则关注人才对企业高质量发展的重要价值，提出应实施人才吸引政策，鼓励人力资本流入和优秀人才引进，重视员工工作能力的培养，强化新技能的扩散效应。李小青等则认为数字经济时代下的数字化创新有助于企业的高质量发展。

在企业转型发展方面，孙颖等提出科技服务企业要充分借助数据资产提升企业的发展质量水平。王晓红等则认为，短期内企业要强化核心业务的数字化转型布局，提高企业的发展质量；在长期计划中，则要加强诸如绿色产品设计、生产及工艺等绿色项目的投资布局，提高环境绩效，释放企业数字化转型的红利。与此类似，肖土盛等与武常岐等也考查了数字化转型对企业高质量发展的影响。前者提出政府应加强人才队伍的培养，减缓数字化转型对劳动力的冲击，加大对相关行业及中小微企业的政策扶持力度，完善数字化基础设施的建设；后者则从政府和企业两个方面提出以加强数字化转型助推企业高质量发展的政策措施。

在企业内部控制及治理方面，施本植等认为，在我国经济高质量发展背景下，作为市场经济主体的企业应通过建立有效的资产负债约束机制，在推进供给侧改革的基础上，实现企业高质量发展。同时，张曾莲等和吴成颂等提出要通过大力推进董事高管责任保险、选聘兼职董事，借助董事网络来实现企业的高质量发展。另外，还有部分学者从综合角度提出了企业高质量发展的路径，如王瑶等以经济高质量发展的内涵为基础，提出了企业提高发展质量的实现路径，包括以高效管理和治理为保障、以创新驱动为动力源、以优质产品为支撑、以财务可持续为基本要求等5个方面的内容。

此外，除了对一般性企业的发展质量予以重点考查外，还有大量学者从企业所有制角度对国有企业与民营及中小微企业开展了广泛研究。例如，作为我国国民经济"顶梁柱"的国有企业，由于其发展质量直接关乎国有企业的改革和经济高质量发展的成功与否，对于国有企业高质量发展的研究一直以来广受学界的关注。早在2018年，黄速建等就提出了国有企业高质量发展的逻辑框架，认为要以动力转换、战略转型、效率变革、能力再造等核心路径实现国有企业的高质量发展，并提出要从必要条件、制度供给及社会生态三方面为国有企业的高质量发展提供支撑环境。金晓燕等的研究认为，国有企业的发展可以从加强科技创新、完善内部及外部治理以及优化产业布局等方面着手。郝鹏则强调了党建工作在引领中央国企高质量发展中的突出地位，认为党建工作应从提升党的政治建设质量、坚持和加强党的全面领导及提高干部队伍建设等方面引领中央企业的发展质量升级。夏冰等与范玉仙等的研究则主要关注国有企业的混合所有制改革对国有企业高质量发展的影响，其中，前者认为除要继续深化经济体制改革、完善营商环境外，还要建立良好的管理层激励机制；后者强调国有企业治理现代化的重要性，要通过提高企业的治理效能来推动国有企业发展质量的提高。张建平等从国有企业治理的角度提出了应对之策，认为要通过完善国企的治理制度、构建相互协调的制衡监督体系及强化国企领导等举措来促进国企的可持续发展。与此相似，王建新等进一步从内部控制视角出发，认为国有企业监管部门要通过引入外部监管、强化外部监督机制来推动外部治理方式的多样化，同时还应建立健全内部控制制度、加强外部协同治理等。王芳的研究则强调企业家精神在推动国有企业高质量发展中的重要性，认为要通过构建完善健全的政策体系及制度环境激发企业家精神，以保障和支撑国有企业的高质量发展。

与此相对应，部分研究还对民营企业及中小微企业予以重点考查，取得了较多研究成果。如厉以宁以中国道路与民营企业高质量发展为主题，探讨了中国民营企业高质量发展的问题，认为要从产权保护、公开透明的市场规则制定、企业治理模式的现代化及企业之间的协作互助着手。胡兴旺等则从供给侧结构性改革及现实逻辑的视角出发，提出了推进民营企业发展质量的道路，主要包括进行混合所有制改革、优化现代企业制度、提高资源配置水平、改善营商环境、加强技术创新等措施。任力则以工业互联网为切入点，认为要通过金融支持、鼓励投资、加强建设、增强安全保障能力及创设民营企业的工业互联网生态等举措助推民营企业的高质量发展。林志帆等与邵传林则从营商环境的建设角度提出了民营企业的高质量发展之路。其中，前者认为社会创新创业活力的激发需要建立在"亲清"的政商关系、健全的政企沟通机制及公平竞争的营商环境基础上。后者则进一步提出了优化营商环境的原则及内容，强调要以政策的公平性和竞争中性为原则，通过加强融资支持及知识产权保护等措施构建优良的创新环境。安强身等则认为要通过规范金融发展、加强市场调控及强化正确引导来促进民营企业的高质量发展。另外，董志勇等、锁箭等以及杨林等还进一步考查了"专精特新"型企业、小微企业及中小企业的高质量发展，并着重从政策理念及支持、制度创新及保障、平台建设与知识产权保护等方面提出了这类企业实现高质量发展的策略。

第三节　产品关联与企业高质量发展相关研究

产品关联是以产品间的关联度为基础，表征两种产品进行转换所需生产能力的相似性。若企业出口产品与当地企业的产品有较高的关联度，表明出口企业与当地企业在劳动力结构、中间投入品、技术、基础设施等方面有较高的相似性，那么，相关产品集中于同一区域将有助于产生集聚效应和学习效应。[1][2][3][4] 鉴于既有研究鲜有直接涉及产品关联与企业高质量发展的。考虑到产品关联以产品关联度为基础并具有典型的空间集聚和路径依赖特征，因此本节将主要从产业集聚、产品关联度等视角探讨其与创新驱动、生产率提高及质量提升之间的关系。

一、产品关联与创新驱动的相关研究

从产业集聚对创新的影响来看，陈劲等探讨了不同产业集聚程度与创新绩效的关系，发现当产业集聚程度较低时，专业化集聚促进了高科技产业创新，多样化集聚则相反，表现为创新抑制效应；但当产业集聚程度较高时，多样化集聚提升了产业创新绩效，专业化集聚则阻碍了产业创新活动的开展。程中华等在研究

---

[1] HIDALGO C A, KLINGER B, BARABÁSI A L, et al. The product space conditions the development of nations[J]. Science, 2007, 317（5837）：482-487.
[2] 吴小康, 于津平. 产品关联密度与企业新产品出口稳定性[J]. 世界经济, 2018, 41（7）：122-147.
[3] 孙天阳, 许和连, 王海成. 产品关联、市场邻近与企业出口扩展边际[J]. 中国工业经济, 2018（5）：24-42.
[4] 邓向荣, 曹红. 产业升级路径选择：遵循抑或偏离比较优势——基于产品空间结构的实证分析[J]. 中国工业经济, 2016（2）：52-67.

产业集聚对制造业创新的影响时，发现与专业化集聚相比，多样化集聚及产业内竞争可以显著提高制造业的创新绩效。在企业层面上，产业集聚对企业创新的影响则存在较大差异。如杜威剑等的研究探索了产业集聚与企业产品创新的关系，发现产业集聚显著促进了企业创新决策及新产品产出。也有实证研究显示，产业集聚程度与制造业企业创新效率间表现为倒"U"形关系。与此类似，李沙沙等利用中国工业企业数据考查了产业集聚对企业创新产出及创新积极性的影响，结果表明产业集聚与我国制造业企业的创新产出呈现显著的倒"U"形关系，而与企业的创新积极性形呈"U"形关系。郑冠群等在测算产业空间集聚指数的基础上，实证考查了产业集聚的波特外部性对企业创新的影响，发现制造业空间集聚程度的提高有助于增加创新型企业的创新产出，提升其创新水平，研究结论进一步证实波特外部性对企业创新具有积极影响，但随着产业集聚程度的不断提高，波特外部性还可能抑制市场整体的创新绩效。与上述研究结论不同的是，胡彬等通过分析世界银行的营商环境调查数据及我国工业企业数据，探讨了产业集聚对工业企业创新模式的影响，发现产业集聚对我国企业选择高端创新模式起到显著的抑制作用。

关于产品或技术关联性与创新的关系，S.Breschi 等使用 1982—1993 年美国、意大利、法国、英国、德国和日本向欧洲专利局申请专利的数据进行研究，得出知识关联度是企业技术创新多元化的主要决定因素。F.Neffke 等对跨行业劳动力的流动数据的研究表明，企业更可能进入那些与当前核心竞争力知识关联度更高的产业。A.Lo Turco 等使用土耳其制造业企业数据研究了企业产品空间关联性与本地产品空间关联性对产品技术创新的影响，他们发现，两类产品的空间关联性均对产品技术创新存在促进作用，相比较而言，企业产品空间关联性的作用更大。同时，S.J.Zhu 等基于 1998—2008 年我国制造业的企业层面数据，得出企业产品与当地产业结构之间的联系密度确实会产生企业绩效的溢出效应，生产与区域产业结构联系紧密的产品的企业从本地知识溢出中获益最大，因此企业绩效可以更快地增长。在此基础上，W.Eum 等比较分析了基于 1980—2005 年的出口数据和国际专利数据以及概率算法链接（ALP）一致性来连接生产和创新。研究表明，一个国家过去的生产优势不仅对新技术优势的产生起着重要作用，而且当前的生产能力还为新产品和技术创新提供了进化路径。H.J.Chen 等利用 2000—2016 年京津冀地区联合创新专利数据研究了不同关联性对京津冀地区产学研协同创新的影响，结果发现技术关联性与三地间的协同创新表现为倒"U"形关系，地理关联性和制度关联性显著促进了三地间的协同创新。另外，在国内相关研究中，程文等在产品空间理论基础上，将其异质性从产品层面拓展到企业层面，并以企业存活期表征企业强弱大小，由此得出企业产品创新的最优距离取决于企业的存活期、产品创新的收益系数及成本系数大小。黎振强等从认知及地理关联性视角考查其对企业创新活动的影响，发现认知及地理关联性对产业园区中小高新技术企业的知识获取及创新活动均产生了显著的、直接或间接的正向提升作用。郭平等在研究中间品进口与我国企业创新的影响时，发现中间品进口关联化显著促进了企业创新绩效的提高，中间品进口多样化则对企业的创新绩效呈现出倒"U"形关系。同时，在中间品进口关联化的调节效应上，有关联的中间品进口多样化及高度化均更有助于企业提高创新绩效。

二、产品关联与生产率提高的相关研究

在空间集聚与生产率研究方面，孙浦阳等对287个区域及城市层面数据进行考查，得出结论：产业集聚的初期由于拥挤效应，其经济发展受限，随着产业集聚的经济效应逐渐显现，其对劳动生产率的促进作用才逐步处于主导地位，且从长期来看，产业集聚与生产率间表现出显著的正向提升关系。程中华等分析不同行业产业集聚及集聚外部性类型对城市全要素生产率的影响，实证研究表明，制造业集聚显著抑制了城市全要素生产率，与此不同的是，生产性服务业集聚显著提高了城市全要素生产率，而且从产业集聚的外部性类型来看，雅各布斯外部性有助于提高城市全要素生产率，但马歇尔外部性和波特外部性则降低了城市的全要素生产率。在省级层面的研究中，胡玫等的研究表明广东制造业产业集聚显著提升了该省制造业产业的全要素生产率。曹正旭等则通过添加经济发展水平及对外开放程度变量进一步考查工业集聚对省级层面生产率的影响，结果发现，当经济发展水平不断提高时，工业集聚对生产率表现出显著的正向提升作用，且呈现边际递减趋势，而随着对外开放程度的提高，工业集聚会进一步强化对生产率的正向提升效应。有学者从高新技术产业集聚视角考查其对省级劳动生产率的影响效应，研究显示，高新技术产业的专业化集聚与劳动生产率间形成了显著抑制关系，多样化集聚则有助于促进生产率提高，但其显著性并不稳健。从企业层面上来看，孟丁等从不同产业集聚效应视角对区域工业企业生产率的影响进行分析，马歇尔外部性与雅各布斯外部性均显著提高了制造业企业的生产率，波特外部性则抑制了工业企业的劳动生产率。范剑勇等主要研究了产业集聚对1998—2007年我国电子通信等企业全要素生产率的影响，发现专业化集聚通过改进技术效率

显著提高了企业的全要素生产率，而多样化集聚虽促进了前沿技术进步，但对企业全要素生产率未产生显著影响。韦曙林等的研究结果则发现产业集聚促进了企业生产率的提高，但受制于其自身资产专用性。

从既有的产品或技术关联性文献来看，N.Islam 以 1970—2004 年间 87 个国家为研究样本，探讨人力资本对生产率增长的贡献是否取决于人力资本的构成和技术前沿的关联程度。结果显示，在中等收入及高收入国家中，人力资本对生产力的促进效应与技术前沿的关联程度相关联，并且越接近技术前沿，促进效应越强。在低收入国家则有所不同，只有非熟练人力资本越来越接近技术前沿时，其对生产力的贡献才会越来越大。后又进一步探讨了组织、技术和地理关联性对欧洲纳米技术合作的影响，发现组织上的关联性只间接影响合作的产出，而地理和技术上的关联性则直接影响合作的产出。地理关联性在统计上最显著，技术关联性的影响程度最高。S.Kantor 对 1870—2000 年美国县级农业普查数据进行研究，发现靠近新想法的产生地可以提高最终产品生产者的生产率。具体而言，短期来看，靠近研究机构的农业生产者可以获取足够的技术知识，并通过采用其创新成果实现产量的提高，因此，研究关联性是有助于农业区域生产力提升的。但长期来看，研究关联效应的持续性不仅取决于研究基础设施，还取决于创意产生和学习累积效应的持续性。在企业层面上，R.Belderbos 等通过调查 1987—2007 年日本大量制造业工厂，研究了企业生产率动态发展与技术、地理及买方—供应商关联度的关系，发现技术上关联性对企业的生产率提高发挥了积极作用，且这种影响存在地理距离上的衰减效应。除了源自技术相近的技术溢出效应外，来自买方—供应商的"关系"溢出也对企业全要素生产率增长产生了积极影响，且影响程度相似。也有研究发现，研发在意大利企业生产率中发挥着重要作用，同时由于空间关联性，生产率还存在同一部门企业间溢出效应，而不同部门企业间溢出效应不显著。在国内，刘泉考查了 2002—2007 年我国 35 个制造业企业参与产品内垂直分工的技术外溢效应，研究表明价值链视角下产品内垂直分工通过前向关联、后向关联及水平关联三个机制的技术溢出效应，显著促进了我国制造业行业的全要素生产率及技术效率的提升，进而推动了我国制造业技术水平的进步。席强敏等在研究市场关联、供给关联与企业生产率的关系时，证实了市场与供给关联对企业生产率有正向促进作用，并确定前者的提升作用更大。

三、产品关联与质量提升的相关研究

产品关联与产品质量方面的相关文献多从技术、地理关联性及产业集聚视角进行考查，如 W.Eum 等的研究就发现进口标准的执行对出口产品质量升级存在非单调性影响，即当产品越接近世界前沿技术，那么这种产品质量升级的可能性越大；反之，当产品越是远离世界技术前沿，其质量升级的可能性越小。R.L.Bray 等则从供应链关联性角度探讨了其对产品质量的影响，结果表明，上下游工厂的距离与产品质量的不良率成正比，而且在地理上越分散的供应链，其产品质量提升的速度越缓慢。在产业集聚的影响方面，刘洪铎等早在 2016 年就利用 2002—2011 年省级层面数据开展了研究，发现产业集聚水平的提高有助于提升我国出口产品质量，但这一促进效应表现出显著的地区异质性特点。贺祥民则从城市层面考查了制造业及服务业集聚对城市出口产品质量的影响，结果显示制造业集聚显著促进了城市出口产品质量升级，且与专业化集聚相比，多样化集聚的升级效应更突出，而与其不同的是，服务业集聚对城市出口产品质量未起到显著的提升作用。耿晔强等以及苏丹妮等均从企业层面探讨了产业集聚对出口产品质量的影响，结果都表明产业集聚对企业出口产品质量均有显著的提升效应，但在不同分类下，企业有着较大的差异性。在此基础上，刘信恒进一步从产业集聚程度的不同阶段出发考查其对企业出口产品质量的影响，发现产业集聚对产品质量的影响并非简单的线性关系，而是呈现一种倒"U"形关系。李瑞琴和文俊则在划分不同集聚模式的基础上，进一步区分上下游产业集聚类型，考查了 2001—2007 年我国工业企业集聚的产品质量升级效应，发现除高科技企业外，同一行业的集聚对一般企业的出口产品质量无显著影响，另外，上下游产业集聚均有助于促进企业出口产品质量提升，其中上游产业集聚的作用更为显著。此外，在直接探讨产品关联与产品质量及产品结构升级的研究中，阮伟华指出，在贸易政策不确定的情况下，企业内某种产品与该企业内其他产品的关联度越高，越有助于学习其他产品在生产及出口上的经验，不仅有利于促进该种产品质量的升级，还可助益企业未来的出口产品质量提升。周沂等从产品关联角度探讨潜在比较优势对本地出口扩展和产品质量提升的影响，发现一个地区的潜在比较优势显著促进当地出口扩展及产品质量的升级。与上述研究略有不同的是，Y.J.Wang 等通过引入平均关联度的概念，以 1984—2010 年对外贸易数据为依据，考查了

平均关联度与我国贸易结构升级问题,发现平均关联度可以较好地解释我国比较优势产品出口数量变化,但也会高估对我国出口产品结构升级的影响。

第三章
产品关联与制造业企业高质量发展的概念界定、理论基础与机理分析

在研究产品关联对我国制造业企业高质量发展的影响前,首先需要明确相关概念,界定研究对象的范围,并对研究过程中所涉及的相关理论进行梳理与总结,然后在此基础上进行机理分析。因此,本章的主要目的在于明确产品关联和制造业企业高质量发展的概念,梳理产品关联与制造业企业高质量发展相关的理论基础,最终提出产品关联影响制造业企业高质量发展的机理。

第一节 产品关联与制造业企业高质量发展的概念界定

一、产品关联的概念及测度

产品关联发端于产品空间理论,自提出以来广受学术界关注,但对于它的内涵却没有统一界定,且仍处于不断发展之中。

产品空间是产品之间的关系网络,其刻画了产品关联度的几何表示,构建于不同产品间接近程度的概念上。理论上,产品间接近程度可能受制于诸多因素,例如,S.Lall 认为产品间接近程度与技术复杂水平相关;M.L.Lahr 等强调与价值链中所涉及的投入或产出相关;而 D.Rodrik 等则突出制度因素所发挥的作用。然而,上述关于产品相似性研究的结论都是基于先验性的假定,即假设技术复杂度、价值链中所涉及的投入或产出与制度质量等几乎无专一性特征。

C.A.Hidalgo 等与 R.Hausmann 等几乎同时开创性地提出了产品空间理论。在

该理论中，产品空间以"不可知论"为基础，以测度产品之间的关联度为结果导向，如果两种产品之间越关联，表明这两种产品在劳动力、物质投入、技术、基础设施等方面的相似程度也越高。那么，这两种产品的空间距离也就越近，且有助于联合生产。反之，差异较大的两个产品，其空间距离就越远，且联合生产的可能性也越低。

由此，他们提出了一种测度两种产品间接近程度关系的衡量指标，即关联度指数。该指标以一个国家同时出口两种产品的条件概率的最小值来表征产品之间的关联度。同时为了避免偶然出口的影响，引入了显示性比较优势（RCA）指数的概念，用以表示这两种产品同时具有比较优势的最小可能性。这种测度方法的实质就是以两种产品被一国同时出口且兼具比较优势的可能性的结果为导向来衡量产品关联度。需要强调的是，本书所述产品关联有狭义与广义之分：狭义的产品关联仅表示产品之间的接近程度，即产品关联度；广义的产品关联包含产品关联度以及产品关联密度等相关概念。

产品关联密度以产品间的关联度为基础，旨在考查某产品在产品空间结构中的分布情况。在上述测度产品间关联度的基础上，须进一步测量潜在产品与既有产品之间的平均接近程度。同时，产品关联并非产品本身的属性，主要受制于产品之间的空间距离，且一个企业的产品关联密度还会受制于该企业所在地理区域相关企业生产产品的影响，因此本书将一个企业生产的某一产品与其所在地理范围内其他具有比较优势产品之间的平均关联度定义为产品关联密度，以此表征本书的核心解释变量——产品关联指标，并根据地理范围的不同，将产品关联密度分为城市内产品关联密度与省内产品关联密度。基于此，本书重点关注城市内产品关联密度与省内产品关联密度的影响。首先测算产品间的关联度，测度公式如下：

$$proximity_{i,j} = \min\{P(RCA_i|RCA_j), P(RCA_j|RCA_i)\} \qquad (3-1)$$

其中，$proximity_{i,j}$ 表示两种产品 i 与 j 间的关联度，即若一国在产品 j 上具备比较优势的条件下同时在产品 i 上也兼具比较优势的条件概率，与一国在产品 i 上具备比较优势的条件下同时在产品 j 上也具有比较优势的条件概率的较小值，当然任何产品与其自身的关联度皆为1；$P(RCA_i|RCA_j)$ 表示一国在产品 j 上具有比较优势的条件下同时在产品 i 上具有比较优势的条件概率，该条件概率的测算公式如下：

$$P(RCA_i|RCA_j) = \sum_c \frac{RCA_c(i|j)}{RCA_c(i)} \tag{3-2}$$

其中，$RCA_c(i)$ 表示仅在产品 i 上具有比较优势的国家数量；$RCA_c(i|j)$ 表示一国同时在产品 i、j 上都具有比较优势的国家数量（c 表示国家）。当一国在某一产品上的 RCA 指数大于等于 1 时，那么该国在该产品上具有比较优势。关于 RCA 指数的测算公式如下：

$$RCA_c(i) = \frac{\dfrac{export_c(i)}{\sum_i export_c(i)}}{\dfrac{\sum_c export_c(i)}{\sum_c \sum_i export_c(i)}} \tag{3-3}$$

其中，$\dfrac{\sum_c export_c(i)}{\sum_c \sum_i export_c(i)}$ 表示世界上产品 i 的出口额与世界上所有产品出口额的比重；$\dfrac{export_c(i)}{\sum_i export_c(i)}$ 表示一国产品 i 上的出口额与该国所有产品出口额的比重；$export_c(i)$ 表示一国当年在产品 i 上的出口额。

其次，在产品关联度测算的基础上，进一步计算企业—产品层面的城市内产品关联密度与省内产品关联密度。参照 C.A.Hausmann 等与吴小康等的做法，本书采用式（3-4）与式（3-5）对城市内产品关联密度与省内产品关联密度进行测算，公式如下：

$$density_{fiut} = \frac{\sum_{j \in RCA_u} proximity_{i,j}}{\sum proximity_{i,j}} \tag{3-4}$$

$$density_{fipt} = \frac{\sum_{j \in RCA_p} proximity_{i,j}}{\sum proximity_{i,j}} \tag{3-5}$$

其中，$\sum proximity_{i,j}$ 为企业 f 的出口产品 i 与当年世界上所有其他出口产品之间的关联度之和（u 为城市）；式（3-4）中，$density_{fiut}$ 表示企业 f 的出口产品 i 与所在城市 u 具有比较优势的其他产品之间的平均关联度，$\sum_{j \in RCA_u} proximity_{i,j}$ 为企业 f 的出口产品 i 与其所在城市 u 具有比较优势的其他产品之间的关联度之和；式（3-5）中，$density_{fipt}$ 表示企业 f 的出口产品 i 与所在省份 p 内具有比较优势的其他产品之间的平均关联度，$\sum_{j \in RCA_p} proximity_{i,j}$ 为企业 f 的出口产品 i 与其所在省份 p 内具有比较优势的其他产品之间的关联度之和。

最后，为了获得企业层面的产品关联密度，须将企业—产品层面的产品关联密度加总到企业层面，然而不同产品的关联度加总，其经济学意义不明显，为此参照许和连等对企业—产品层面变量加总到企业层面的做法，先对式（3-4）、式（3-5）测算得到的企业—产品层面产品关联密度进行标准化处理，从而获得企业在每个年度每一 HS 6 位产品的标准化产品关联指标，其中，城市内产品关联密度的标准化公式如下：

$$sdensity_{fiut} = \frac{density_{fiut} - \min\_density_{fiu}}{\max\_density_{fiu} - \min\_density_{fiu}} \quad (3-6)$$

其中，$\max\_density_{fiu}$、$\min\_density_{fiu}$ 分别为针对产品 i 在所有年度、所有企业层面求出的城市内产品关联密度的最大值和最小值。$sdensity_{fiu}$ 的值在 0～1 之间，且没有单位，可以在不同层面进行加总。企业层面加总后的城市内产品关联密度的计算公式为：

$$density_{ft}^e = \sum_{i \in f} \frac{v_{it}}{\sum_{i \in f} v_{it}} sdensity_{fiut} \quad (3-7)$$

其中，$density_{ft}^e$ 代表企业层面在 t 年的城市内产品关联密度；$\frac{v_{it}}{\sum_{i \in f} v_{it}}$ 表示 t 年企业 f 的产品 i 的出口额占企业 f 出口总额的比重，与加总到企业层面的省内产品关联密度的做法一致。

值得注意的是，产品关联与产业集聚和产业集群不可等同视之。其中，产业集聚主要涉及生产要素的区域性集中，是规模经济、产业集群产生的重要原因，但产业集群的形成还需要某一行业的企业及与之关联企业和相关机构的紧密联系，其考查的是同一产业企业间的经济效应，而且对于产业集聚、产业集群的测度，现有文献多通过区位熵进行测算 [1][2][3]。

---

[1] 程文，张建华. 中国模块化技术发展与企业产品创新——对 Hausmann-Klinger 模型的扩展及实证研究 [J]. 管理评论，2013，25（1）：34-43.
[2] BATHELT H, LI P F. Global cluster networks—foreign direct investment flows from Canada to China[J]. Journal of economic geography, 2014, 14（1）: 45-71.
[3] 金碚. 关于"高质量发展"的经济学研究 [J]. 中国工业经济，2018（4）：5-18.

二、企业高质量发展的概念

高质量发展是党的十九大首次提出的新论断，强调中国经济已由高速增长阶段进入高质量发展新阶段。高质量发展要求我国摒弃过去那种过分注重数量、规模和片面追求经济增长速度的粗放型发展模式，而应转向以新发展理念为指导、坚持创新驱动的发展战略，强调质量和效益的全面提升。党的十九届五中全会进一步提出，"十四五"规划期间我国社会经济发展要"以高质量发展为主题，以深化供给侧结构性改革为主线"。要坚持创新在经济建设中的核心地位，切实转变经济发展方式，推动质量变革、效率变革和动力变革。高质量发展需要坚实的微观基础，企业是提高经济增长质量的微观主体，只有激发企业活力、提升企业发展质量，才能有效实现经济的高质量发展，并从根本上推动经济增长方式从粗放型向集约型转变。

何谓企业高质量发展？其内涵大致可从状态性概念与过程性概念两个角度加以理解。从状态性概念的角度来看，企业高质量发展是区别于低技术水平、低生产效率、低质量的企业发展状态而言的，是指企业在经营和成长过程中实现高水平、高效率、高附加值的企业发展质量的目标态势。从过程性概念来看，企业的高水平、高效率、高附加值发展质量目标的实现要摒弃过往高投入、高消耗、高污染及低产出的粗放型发展方式，通过供给高质量产品、强调创新驱动、突出企业社会经济价值的创新效率及水平，走一条企业可持续发展之路。基于此，可以认为，企业高质量发展是企业在发展过程中所呈现出的高水平、高效率及高附加值的社会经济价值的实现，以及在此过程中企业所形成的可持续发展和持续价值创造的能力。

毋庸置疑，企业的高质量发展是强调"质量第一、效益优先"的高层次发展，推动企业实现动力变革、效率变革和质量变革，是实现企业高质量发展的必然要求，是提升企业竞争实力、创新能力和抗风险能力的重要内容。动力变革是以自身发展为前提的动力转换，创新驱动成为推动企业高质量发展的动力源泉；效率变革是以企业生产效率变革为主线，生产效率变革是增强企业竞争实力和实现企业高质量发展的重要支撑；质量变革是以企业产品质量变革为主体，产品质量是评价企业高质量发展的根本指标。因此，一个企业的高质量发展可以体现为企业发展的创新驱动、高水平的生产效率与优质的产品质量。

第二节 产品关联的理论基础

本书旨在考查产品关联视角下我国制造业企业高质量发展问题，因此本节将从两部分阐述其理论基础。首先，分析本书的理论基础之一——产品关联的相关理论，该理论是在产品空间理论的基础上于 2011 年由 R.Hausmann 等率先提出，用于解释新产品的多样性和宏观层面上增长路径的演化过程。如果两种产品间的空间距离越近，表明这两种产品在劳动力、物质投入、技术、基础设施等方面的相似程度越高，那么一国就越容易在生产一种产品的同时生产另一种产品。考虑到地理集聚对于企业之间学习效应的重要作用，本节还阐述了产业集聚的外部性理论，此外，由于共同的知识基础和认知关联性直接影响了关联产品间的知识溢出效应，所以，本书进一步分析了基于演化经济地理学的认知邻近性理论。其次，本书的理论基础之二——企业高质量发展相关理论，主要包括企业创新理论及企业能力理论，其中企业创新理论又涵盖了熊彼特创新理论、新古典学派创新理论及新熊彼特学派的创新理论等。上述两部分的理论构成了本书的依据与"基石"，形成了本书的理论框架，其中产品关联相关理论为本书的研究视角及理论分析提供了理论支撑，而企业高质量发展相关理论则构成了本书的核心基础，因为本书的根本目的即实现制造业企业的高质量发展。

一、产品空间理论

R.Hausmann 等开创性地将比较优势与产品升级相联系，并提出了产品空间及其比较优势演化理论。该理论基于不可知论，以结果为导向，认为一国生产的产品是知识和能力的载体，包括该产品生产所需要的知识、技术、生产要素投入、基础设施及制度环境等在内的全部生产条件的集合，而非土地、劳动力和资本等这些通用型资源禀赋的简单组合。一种产品反映了一套生产能力禀赋，不同的产品意味着其生产能力禀赋并非完全一致，一国或地区所生产的产品则表征了其当前生产能力禀赋的态势。依据产品空间理论，产品是异质的，不同产品需要的生产能力存在差异，而产品之间这种生产能力的差异性表现为产品间关联度的不同，如果两种产品之间所需的生产能力禀赋越相似，则二者间的距离越近，更易联合生产。在此基础上，可衡量世界上任意两种产品间的关联度，从而构建出"产品空间"。如果用一个圆点代表一国所生产的一种产品，那么两点之间的连线则可反映出这两种产品之间的关联度，由此，以圆点表征的一种产品的生产能力禀赋和以两点之间连线所反映的任意两种产品之间关联度的关系等特征就形成了一个网络结构，也就是这个国家的产品空间结构。

基于产品异质性及产品空间结构非连续性，产品空间理论认为，产品空间表现为一个产品之间稀疏紧密程度不同的非均匀网络结构。R.Hausmann等形象地将产业转型升级和经济发展比喻为"猴子跳树"。一棵树代表一种产品，那么世界上所有产品就构成了一片森林，但这片森林的分布是不均匀的，有的地方稠密，有的地方稀疏。而猴子就是生产各种产品的企业，一国的经济增长及产业转型升级就好似猴子从森林中稀疏贫瘠的边缘地带向稠密富庶的核心地带的迁移过程。这种迁移过程实质上取决于树与树之间的距离及周边树林的密集程度。产品是知识和能力的集合体，相似性越高的产品，其空间距离越近，周边可供选择的迁移路径越多，那么猴子就越可能实现向密集富庶核心区域的迁移。因此，一国或地区生产的产品在产品空间结构中的初始位置及其产品的空间结构不仅反映了该国或地区当前的生产能力禀赋态势，还体现了既有生产能力与潜在产品所需生产能力之间的差距，从而直接影响该国或地区的产业升级路径及经济发展。

以上理论还可以利用三个HK模型（豪斯曼和克林格模型）进行描述，即线性的HK升级模型、非线性的扩展HK模型以及包含生产能力累积的扩展HK模型。

在线性的HK模型中，假设市场中的企业正在生产一种 a 产品，其产品收益为 P_a，同时市场中还存在一种有更高收益的 b 产品（产品收益为 P_b），那么，此时企业所面临的生产决策如下：为了追求更高的收益，在现有生产能力禀赋的条件下，企业是否转向 b 产品的生产而放弃 a 产品？当然如果企业转向 b 产品的生产，可以获得更多的收益，即 $P_{b\text{-}a}=P_b-P_a$，但此收益的获取与 a 产品到 b 产品间的生产能力转换距离 δ 呈正相关，也就是 $P_{b\text{-}a}=f\delta$，而同时企业由 a 产品转向 b 产品的生产会承担相应的转换成本 E，而且，由于生产能力的转换不能被完全替代，当不同产品之间的空间距离越远，转换成本会越高，其损失也越大，因此企业生产能力转换成本与其转换距离的平方呈正相关，即 $E=e\delta^2/2$。其转换利润可表示为 $\Pi=f\delta-e\delta^2/2$，对该式求一阶导数的基础上，可获得其最大的生产能力转换距离，为 $\delta^*=f/e$，进一步地，还可获得当利润为正时，其最优的能力转换距离，

为 $\delta_{max}=2f/e$。也就是说，如果 a 产品到 b 产品的生产能力转换距离大于 $2f/e$，那么在企业现有的生产能力禀赋条件下，a 产品将无法实现向 b 产品的转换，即企业的转型将无法实现。此外，线性的 HK 模型遵循路径依赖特征，由于其无法实现 a 产品向 b 产品的转换，也就更无法向 c 产品进行跃升，如图 3-1 所示。

$$a. \longrightarrow b. \longrightarrow c. \longrightarrow d.$$

图 3-1 线性 HK 模型的产业升级路径

在上述 HK 模型中，产业升级路径是遵循线性路径依赖特征的，但实际上未考虑到现实中的产业升级存在非线性的情况，因此，通过加入产业度 m 来表征产品的后续生产机会，在此基础上形成了非线性的扩展 HK 模型（图 3-2）。该模型认为，当企业现有生产能力禀赋可以生产两种及以上的产品，且这些产品都具有同样的技术距离时，那么这些相同产品的后续生产机会将会影响企业的生产决策。产业度 m 的数值越大，说明企业转型升级的沉没成本越小，二者成反比，其成本表达式可以表示为 $E=e\delta^2/2m$，进一步对该式求一阶导数，可获得其最大生产转换距离（$\delta^*=fm/e$），同样还可求取其利润为正值时的最优生产转换距离（$\delta_{max}=2fm/e$）。从以上结果可知，产业度 m 的加入增加了企业生产能力转换的距离，使其转型升级的机会增多。

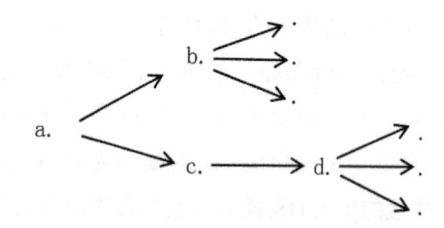

图 3-2 非线性的扩展 HK 模型的产业升级路径

非线性的扩展 HK 模型主要基于静态视角考查比较优势的演化，但未考虑到因生产能力累积所引致的产业升级路径的突变，因此，在非线性的扩展 HK 模型的基础上，通过引入生产能力累积因素，可构建包括创新节点的、含能力累积的扩展 HK 模型（图 3-3）。生产能力累积有助于促进创新，并提供了新的升级路径与生产机会。此时，由于其先行优势的存在，如果企业优先从现有 a 产品直接转换到 e 产品，那么，该企业将会因此实现生产收益的倍数增长，即 $P_{e-a}=nP_{b-a}=n\delta f$。同时，考虑到企业创新收益的不断增长，在额外利润的激励下，企业基于其现有生产能力禀赋可能直接将现有 a 产品转换到 e 产品上，其所获利润可表示为 $\Pi=nf\delta-e\delta^2/2m$，继续对其求一阶导数，可得其最佳生产转换距离（$\delta^*=nfm/e$），同时，其利润为正值时的最大生产转换距离表示为 $\delta_{max}=2nfm/e$。由上可知，在企业生产能力禀赋支持的情况下，企业可直接从 a 产品转换到 e 产品，突破路径依赖，从而实现企业的跨越式发展。

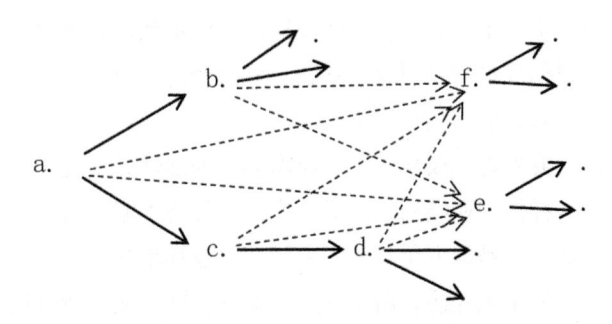

图 3-3　包含生产能力累积的扩展 HK 模型的产业升级路径

由以上三种模型可知，不同的产业升级路径会导致企业在最大生产转换距离、最佳生产转换距离及获取的收益等方面存在差异，其转型升级的机会也各不相同。不管是采用路径依赖型的渐进式产业升级，还是利用跳跃突破式的产业发展方式，其关键在于现有生产能力禀赋所支持的最大生产转换距离、产业转型升级路径及其所获收益。

二、产业集聚的外部性理论

产业集聚的概念发端于古典区位论，并被经济学家划分为基于同一产业的专业化集聚和不同产业间的多样化集聚。在古典贸易理论和新古典贸易理论研究的基础上，阿尔弗雷德·马歇尔最早对产业空间集聚现象进行了系统的研究，并将那些关联紧密的相关企业集聚且专业化生产活动明显的区域称为产业区。在规模报酬不变且完全竞争的条件下，外部经济被认为是产业集聚形成的关键因素，其原因在于外部经济的锁定效应。[①] 马歇尔认为，集聚在一定区域的相关企业所形成的专业化集聚有利于劳动力市场匹配度提高、中间品市场共享及由相互间信息交换与面对面交流所产生的知识与技术的溢出，这些因素加在一起所形成的外部经济就被称为马歇尔外部性。在此基础上，马歇尔还进一步将专业化集聚形成归因于健康发展的区域经济、协调的创新环境、可共享的专业化劳动力市场、充裕的劳动力需求结构等。同时，J.V.Henderson 在既有研究的基础上，进一步将专业化集聚的外部经济来源归纳为四种：其一，专业化成本效应，也就是由于产

---

① 藤田昌久，雅克-弗朗斯瓦·蒂斯. 集聚经济学：城市、产业区位与全球化[M]. 2版. 石敏俊，等译. 上海：格致出版社，2016.

集聚规模的不断扩大所引致的中间品市场、金融市场及专业服务业等中间市场发展带来的成本节约；其二，劳动力成本效应，即因专业化产业集聚所降低的劳动力搜寻、匹配及培训成本；其三，交通及通信的成本效应，即由于大量企业集聚所导致的交通及通信成本减少现象；其四，规模经济效应，主要是通过公共产品和服务业的共享所获得的规模经济利益。

与此同时，研究发现，仅从同一产业内部的外部性无法充分解释诸多城市尤其是特大城市的多样性产业结构的形成。为此，经济学家又将产业集聚现象划分为更加系统的两类：一是地方化经济，由同一产业集聚在某一区域所引致的行业内溢出效应；二是城市化经济，由不同产业集聚在同一城市所引致的行业间溢出效应。

城市化经济是埃德加·M.胡佛首先提出的，他认为城市化经济源自多种不同的经济活动集聚在某一区域，且其发展取决于不同经济活动的多样化程度。其后，简·雅各布斯又进一步提出了城市多样化理论。她认为只有重视城市的多样化发展，才能让它迸发活力。在此基础上，雅各布斯提出知识溢出产生于不同行业之间，多样化集聚可促进不同行业间的知识流动、合作、异质性知识溢出及创新活动，进而提高经济效率，即所谓的雅各布斯外部性。此外，J.V.Henderson发现，不同产业聚集在同一城市，除了存在雅各布斯外部性以外，还可共享基础设施与产业间的知识溢出，并因毗邻庞大的产品市场与多样化的劳动力市场引发企业成本节约效应。

进一步地，G.Duranton等在2004年将不同产业集聚所形成的雅各布斯外部性的微观机制归结为共享、匹配与学习。首先，共享表现为成本的节约、需求的多样化及风险的共担。因为与马歇尔外部性相比，多样化的产业集聚在同一城市有利于分工协作与专业化发展，并由此引致规模经济，同时还可通过对基础设施等的使用来降低成本，而且城市中不同产业的集聚与人口规模的多样性结构等还有助于激发多样性的市场需求与风险的分担。其次，多样化的产业集聚还有助于劳动力市场的高效率配置。最后，雅各布斯外部性还可通过城市不同产业集聚所形成的异质性知识和知识流动，促进知识的创新、溢出与积累。此外，G.Carlino等的经验研究也证实了共享、匹配以及学习效应与创新活动之间的紧密关系。

在关于中国产业集聚的相关研究中，Z.Pan等利用中国第三次工业普查数据考查表明，我国的产业集聚促进了企业的生产效率提高，且这种提升幅度随着城市规模的扩大而呈递增趋势，同时这种产业集聚的外部性主要源自马歇尔外部性。而李金滟等发现中国的集聚经济主要来自多样性集聚而非专业性集聚。吴小康等发现产品关联可以借助集聚效应提升新产品的出口稳定性，他们认为集聚在同一区域的相关产品，因为知识溢出、投入联系、产出联系、劳动力及公共资源共享等，使得新产品获得外部经济效应。孙天阳等也强调地理集聚对于企业学习的重要作用，并据此从要素禀赋、知识溢出及规模经济三方面剖析了产品关联、市场邻近对企业出口扩展的影响机制。

三、演化经济地理学

演化经济地理学以历史为研究视角，在结合演化经济学、经济地理学研究方法及基本观点的基础上，从时间和空间两个维度考查经济活动空间分布的演化机制。其理论建立在四个前提假设之上，即有限理性、动态变化性及行为的不可逆性、演化结果的非趋于最优性、创新是演化转型的最终动力。在此基础上，演化经济地理学基于广义达尔文主义、复杂性理论及路径依赖理论构建了自身的理论框架结构。

基于广义达尔文主义，演化经济地理学以企业行为的惯例性复制为出发点，推导产业演变的路径依赖性，并认为企业衍生是形成产业集聚的重要机制。产业集聚的外部性理论强调企业间地理关联性所引致的知识技术溢出效应。这种溢出效应不仅存在于同一产业内相关企业间的知识扩散与溢出，还发生在不同产业间的知识流动、溢出及创新。例如，A.B.Jaffe 等的研究发现，不同产业在某一区域的集聚可以借助面对面的互动及沟通进行信息的传播及知识技术的溢出，从而促进创新活动的开展。但既有研究认为，地理邻近不是知识技术溢出产生的充分条件，与地理关联性相比较，认知关联性对知识技术溢出的影响更大。[1] 技术关联是认知相似或互补的结果，是企业间知识技术溢出有效发生的必要条件，并对区域产业创新至关重要[2]。认知关联性就是指生产技术、要素投入、基础设施、管理过程等方面的相似性，也就是演化经济地理学理论中的技术关联概念。由于经济主体的异质性特征，其更倾向于与自身具有相似性特征的主体建立联系。不同经济主体间认知关联性促进了相互间信息交流及知识转移，增加了彼此合作的可能性，但这并不必然有助于提高合作质量，有时甚至会因为认知距离太近而导

[1] AUTANT-BERNARD C.The geography of knowledge spillovers and technological proximity[J].Economics of innovation and new technology, 2001, 10 (4)：237-254.
[2] ZHU S J, HE C F, LUO Q.Good neighbors, bad neighbors: local knowledge spillovers, regional institutions and firm performance in China[J].Small business economics, 2019, 52 (3)：617-632.

致路径依赖和创新锁定效应。但同时，知识技术的溢出也不可能产生于任何两个产业间，因为不同的产业之间存在认知距离[①]，如果产业间的认知距离太远将阻碍其相互间的有效沟通。事实上，不同产业间的认知距离既不能太远，也不能过于邻近，只有当二者处于合适范围内才有助于提升不同产业间的有效学习与知识技术溢出。因此，知识技术溢出更易产生于具有技术相关性的产业之间，而不具技术相关性的产业之间则难以实现相互间的知识技术溢出。

进一步地，演化经济地理学还研究了相关产业多样化问题。波特是最早发现存在技术关联性的产业及其空间外部效应重要作用的学者，其研究认为，与其自身产业专业化相比，与具有技术关联的集群产业的产业专业化更有助于推动区域经济发展。其他学者的研究也得出了相似的结论，即与不相关产业多样化相比，关联产业多样性更能促进区域经济增长。Q.Guo等通过对中国产业数据进行研究，也发现相关多元化有助于促进创新，而不相关多元化则会抑制企业创新。但同时，孙晓华等、D.L.Rigby的研究则认为相关多元化虽有助于经济增长与产业发展，但不相关多元化同样具有重要意义，尤其是在应对基于特殊产业需求或供给骤变所引致的冲击时。

自从演化经济地理学引入技术关联的概念以来，技术关联被广泛应用于诠释新技术、新产品及新产业等的产生与发展演化过程。例如，C.A.Hidalgo等就发现一国更可能向与其自身在劳动力、物质和人力资本、物资投入、制度、环境、技术或基础设施等方面类似的具有比较优势的产品演化。F.Neffke等的研究也表明，瑞典的区域产业发展遵循路径依赖特征，也就是说，只有与本区域相关产业具有紧密技术关联的新产业，其进入该地区的可能性才会更大。

---

① 贺灿飞. 高级经济地理学[M]. 北京：商务印书馆，2021.

第三节　制造业企业高质量发展的理论基础

一、创新理论

人们对创新的理解首先源自探讨技术创新对社会经济发展的影响，其中主要代表人物为约瑟夫·熊彼特，他于 1911 年在《经济发展理论》一书中第一次提出了创新理论，随后又分别出版了《经济周期》与《资本主义、社会主义和民主》两本专著，并进一步从技术创新的视角对其创新理论进行了系统的阐述及运用，从而构建了熊彼特创新理论体系。

熊彼特创新理论的主要观点是：创新就是将生产要素和生产条件的新组合导入生产系统之中，也就是说要建立"一种新的生产函数"，而实现这一过程的主体就是企业家，他们是以达成这种"新组合"为职业导向的创新主体。同时，创新活动是一种创造性破坏，是由内而发地通过破坏老旧结构而构建起新结构的过程。随后，他还提出了技术创新的三阶段理论，即：始于观念创造的发明、在此基础上的商业化应用及创新的扩散。同时，熊彼特还进一步将创新活动分为五种类型，即：一种新产品或一种产品的新特性、一种新生产方法或工艺、一个新市场的开辟、一种新供应来源的获得及一种新企业组织形式的实现。

另外，熊彼特还探讨了创新理论与经济发展及经济周期波动的原因。他认为经济发展的实质就是不断实现"新的生产函数"的过程，而"新的生产函数"的形成可以建立新的生产能力，可以用更低的成本增加产品供给，可使其利润最大化，从而推动经济的发展。对于经济活动的周期性波动，熊彼特认为主要源于创新过程的非连续性及非均衡性，由于不同类型的创新活动对社会经济发展的影响各有不同，因此导致各不相同的经济周期波动。

不过，熊彼特的创新理论自提出之后并未立即引起学术界的关注，直到 20 世纪 50 年代，熊彼特的创新理论才开始受到当时经济学界的重视，在其基础上，发展形成了新熊彼特主义，并逐步演化为对之后的创新理论研究产生深远影响的两个学派——技术创新经济学派与制度创新经济学派。其中，技术创新经济学派主要是在熊彼特创新理论的基础上结合新古典经济学理论,其重点关注的是技术创新及进步对于经济增长的影响与作用,并着重从创新与模仿、市场结构、经济周期与创新的关系等视角进行探索。与技术创新经济学派的观点不同,制度创新经济学派则突出强调政府政策对于技术创新的重要意义。例如,《制度变迁与美国经济增长》一书中就着重阐述了制度创新及制度安排在美国经济发展中的重要作用。这一学派的观点为后续产生的国家创新系统学说夯实了理论基础。

此外,创新理论的另一支——技术创新的新古典学派,则以市场失灵为出发点,将技术创新看作与劳动力、资本及土地同等重要的推动经济增长的投入要素,主要运用新古典经济学理论及分析方法,研究技术创新的来源、结构及影响等方面,其代表人物为罗伯特·索洛等。关于创新的来源,索洛认为创新是新思想的涌现及实现。进一步地,以索洛为代表的新古典技术创新学派还重点研究了技术创新对经济增长的贡献,如索洛的《技术进步与总生产函数》一文中就指出,一国经济的增长取决于其劳动增长、资本增长及技术创新。在此基础上,他进一步构建了技术进步的索洛模型,用以衡量技术进步对经济增长的贡献。同时,这一学派的其他学者提出了市场引导型技术创新模型与知识溢出模型,也有人从路径依赖视角考查了技术创新扩散问题。另外,该学派还从市场失灵角度分析技术创新过程中的政府作用,并认为政府可以从金融、财政、法律法规等方面予以调节。

二、企业能力理论

当代关于企业能力的讨论始于《企业增长理论》(*The theory of the growth of the firm*)一书,书中认为企业增长源自其内部资源的论述奠定了企业能力理论发展的基础。受此启发,企业能力概念被提出,认为能力反映了企业所累积的知识、经验及技能,是企业生产经营活动的基础,在此基础上,又进一步发展了企业内部化增长理论。自此,企业能力理论逐步发展起来,并形成了资源基础理论、核心能力理论、知识基础理论及动态能力理论四种企业能力理论。

能力的资源基础理论的主要观点为:企业是各种有形及无形资源的集合体,其竞争力及利润获取源自企业所拥有的具有异质性的、不可流动且不易复制的各类资源,并以此解释企业竞争优势的源泉及企业间存在差异的原因。

核心能力理论是企业管理理论在20世纪90年代的重要成果,由C.K.Prahalad等在1990年首次提出,该理论认为,企业本质上就是一个能力的聚合体,其长期竞争优势并非源自企业所拥有的一切资源、技术、知识及能力等，而是源自其价值性、不可替代性、独特性、难以模仿性等，即核心竞争能力。这种核心竞争能力可以帮助企业有效开发利用其内部资源，决定其生产经营的深度及广度。企业有效地累积、保持及利用其拥有的核心能力是其要长期坚持的根本性战略。同时，该理论还强调企业核心能力的获取在于持续学习，这是企业核心能力来源最有效的途径，也是保持其长期竞争优势的关键所在。

从知识基础理论来看，该理论也被称为企业知识理论，是在企业资源基础理论上发展起来的，从企业的知识资源视角界定和考查企业竞争优势源泉的理论学说。该理论认为企业是拥有、创造及应用知识能力的实体，是一个知识的加工系统。而知识是创造价值、获得差异性及竞争优势的最为关键的战略资源。该理论还强调，企业的核心竞争优势来自内部的隐性知识，并嵌入其企业情境中，具有不易模仿及难以交易等特性。企业生产并拥有知识就是为了通过知识之间的整合、扩散等来创造更有价值的新知识，进而获取其发展的竞争优势。

动态能力理论主要从演化的视角探讨企业组织能力与其竞争力的关系，认为企业组织能力是其竞争优势的基本来源。1997年，D.J.Teece等在《动态能力与战略管理》中，通过将演化经济学理论与企业资源理论相结合，提出了动态能力的理论框架，突出强调了以往企业能力理论所忽视的企业外部竞争环境分析及企业组织能力的重要性。由于企业所处外部环境是一个不断发展且动态变化的竞争环境，要想保持长期的竞争优势，企业须具备不断更新的胜任能力，因为这种胜任能力是一种可以持久地构建、调适及重组其各种内外部资源以获取竞争优势的能力。因此，该理论认为企业战略的目标是通过企业动态能力的培养来塑造其新的核心能力，借助于分析竞争对手间的战略互动及与相关企业的协作来实现竞争优势的创造。

以上四种企业能力理论，不管是从其考查的侧重点还是研究视角来说均有显著差异，但无不突出强调与其外部竞争环境相比，企业自身能力对于其获取竞争优势的重要性，是保持企业竞争优势、实现高质量发展的决定性变量。

第四节　产品关联对我国制造业企业高质量发展影响的分析框架及机理分析

前面的文献梳理已表明，产品关联对我国企业的高质量发展有着重要影响。但是，现有研究仍未深入系统地探究产品关联如何推动我国制造业企业高质量发展，鉴于此，本节将结合前文构建产品关联对我国制造业企业高质量发展影响的理论分析框架，并分别阐述产品关联对企业创新驱动、企业效率提高以及企业产品质量提升三个方面的影响路径和内在机理，以此为后续的实证分析提供理论依据。

一、产品关联对我国制造业企业高质量发展影响的分析框架

在黄速建等的研究基础上，本书将企业高质量发展界定为企业在发展过程中所呈现的高水平、高效率及高附加值的社会经济价值的实现，以及在此过程中所形成的可持续发展和持续价值创造的能力。进一步地，企业高质量发展是强调"质量第一、效率优先"的高层次发展：动力变革是基础，实现以自身发展为基础的动力转换，形成以企业创新驱动为新动力的发展格局；效率变革是主线，是提升企业竞争实力和实现企业高质量发展的重要支撑；质量变革是主体，着力提高企业产品质量。三者之间相互依托，共同形成一个有机整体。由此可见，创新能力和生产效率的提升是企业高质量发展的重要特征，也是企业高质量发展的动力基础和重要支撑，而优质产品是企业高质量发展的核心要素及内容。也就是说，企业高质量发展主要在企业的创新能力、生产效率及产品质量三个方面得到体现，制造业企业亦然。

第一，制造业企业高质量发展要以创新驱动为动力基础。制造业企业高质量发展取决于全要素生产率的提升，而创新是驱动全要素生产率提升的核心动力。同时，高质量发展要求企业必须提高产品的技术含量和质量标准，以获得更大的

市场竞争优势，这就要求企业以创新驱动转型发展，不断提高技术创新能力，优化创新模式，强化自主创新能力建设，注重原始创新和引进吸收再创新，促进技术创新的深度与广度。另外，创新驱动还要求企业进一步加大创新投入，因为这是企业竞争能力和生产效率提升的重要源泉。

第二，实现制造业企业高质量发展还要以企业生产效率的提升为重要支撑。资源的稀缺性意味着企业必须在生产经营过程中提高资源利用效率。高质量发展要求企业不断推进效率变革，提高资源要素的投入产出效率，实现集约式发展，从而更好地发挥资源的最大价值[1]。就资源要素而言，制造业企业高质量发展必须充分整合和利用好其所拥有的资本、土地、人力、生产资料、技术等，避免资源误配或利用效率不高，使之发挥全部资源要素的应有效率[2]。毫无疑问，企业全要素生产率反映了企业全部资源要素的综合产出效率，是企业内涵式发展和集约型增长方式的重要表征。提升企业全要素生产率是推动效率变革、实现制造业企业高质量发展的关键所在。同时，高水平的全要素生产率也是制造业企业可持续发展和高质量发展的重要基础。

第三，提供优质产品是制造业企业高质量发展的核心要素及内容。从企业的社会功能来看，企业是为社会供给产品的组织，其存在的本质就是为社会提供质量合格的产品，以更好地满足消费者的需求。从这个意义上讲，产品质量是评价制造业企业高质量发展的根本指标。同时，从企业的经济属性来看，企业竞争归根结底是产品的竞争，企业是以追求利润最大化为目的的营利性机构，优质产品是企业赢得市场竞争、获得最大利润的根本保证。高质量产品可以更好地满足社会需求和消费升级的需要，是企业在日益激烈的市场竞争中决胜的基本要求。同时，提供高质量的产品也是扩大市场份额和得到消费者支持、认可的主要原因。因此，可以说高质量的产品是制造业企业高质量发展的核心要素及内容。

进一步地，在企业的创新能力、生产效率及产品质量的测度上，首先考虑到研究与开发（R&D）活动只是创新投入的一部分，且其与创新产出的关系不明确，同时，样本期内我国工业企业数据库的创新投入数据质量不高。另外，与创新投入相比，专利数据是创新研究领域最早且应用范围最广的数据。因此，本书利用2000—2015年的企业专利申请量表征企业创新驱动。其次，对于生产效

---

[1] 魏敏，李书昊.新常态下中国经济增长质量的评价体系构建与测度[J].经济学家，2018（4）：19-26.
[2] 王瑶，黄贤环.企业高质量发展的指标体系构建与实现路径[J].统计与决策，2021，37（12）：182-184.

率，高质量发展要求企业不断推进效率变革，提高资源要素的投入产出效率，实现集约式发展，从而更好地发挥资源的最大价值。全要素生产率反映了企业全部资源要素的综合产出效率，是企业内涵式发展和集约型增长方式的重要表征。最后，关于产品质量的内涵及测度，本书指的是产品的物质技术性质，也就是说当一种产品的物质技术性质越高，那么这种产品的质量水平也越高，其质量合意性和竞争能力也就越强。在此基础上，本书借鉴一些学者的做法，选取出口产品质量进行衡量。图3-4所示为我国制造业企业高质量发展的分析框架（后文中的质量提升特指产品质量提升）。

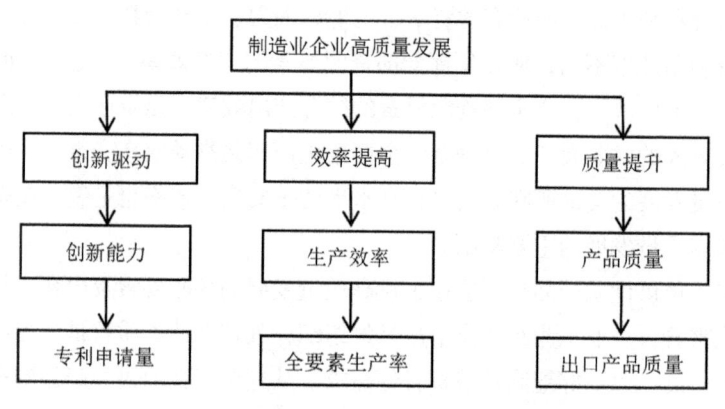

图 3-4 我国制造业企业高质量发展分析框架

产品关联是产品空间理论的核心概念，它表征两种产品进行转换所需的生产能力的相似性，如果企业出口产品与当地企业的产品有较高的关联度，说明出口企业与当地企业在生产技术、劳动力结构、物质投入等方面也具有较高的相似性，并可能获得空间集聚带来的外部经济，使集群内企业具备更好的知识溢出效应、要素禀赋效应和规模经济效应[1][2][3]，从而有助于促进我国制造业企业的高质量发展。同时，产品关联的知识溢出效应、要素禀赋效应以及规模经济效应的发生取决于企业在空间上的集聚水平，一方面，地理关联性可以促进企业之间的沟通和交流，有助于产品关联知识溢出效应的发挥和经济资源的共享，但同时，基于认知关联性，大量相关企业及配套厂商集中在某一区域可能导致企业形成创新

---

[1] HIDALGO C A, KLINGER B, BARABASI A L, et al.The product space conditions the development of nations[J].Science, 2007, 317 (5837)：482-487.
[2] 吴小康，于津平.产品关联密度与企业新产品出口稳定性[J].世界经济，2018, 41 (7)：122-147.
[3] 孙天阳，许和连，王海成.产品关联、市场邻近与企业出口扩展边际[J].中国工业经济，2018 (5)：24-42.

锁定效应及产业集聚的拥挤效应；另一方面，企业之间的地理距离过大，将导致企业很难共享同一区域范围内的生产要素以及基础设施等公共物品，因而产品间的要素禀赋效应和规模经济效应最终难以实现。产品空间理论将一国内部要素分布视为平均分布，尚未考虑产品所在行业的集聚外部性，因此，不同地理范围内的产品关联密度对制造业企业的高质量发展也可能产生差异性影响，基于此，本书将考查不同地理范围内的产品关联密度对创新活动、生产效率和产品质量的影响，即创新驱动效应、效率提高效应和质量提升效应。图3-5 展示了产品关联对我国制造业企业高质量发展影响的综合分析框架。

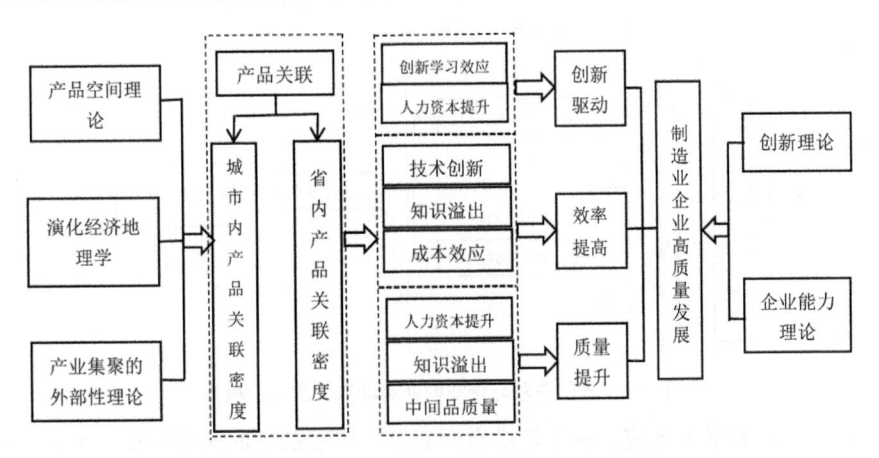

图 3-5　产品关联对我国制造业企业高质量发展影响的综合分析框架

二、机理分析 I：产品关联与我国制造业企业创新驱动

技术创新可以被理解为一个累积的、路径依赖的、交互的过程。在熊彼特创新理论中，新的知识不是随机出现的，也不可能在完全孤立的情况下产生。正如 M.Weitzman 所认为的，创新实质上就是关于如何以新的方式重新配置旧想法，从而产生新想法的过程。因此，技术创新的一个主要驱动力是知识之间的关联度，因为新知识被期望从相关的、已经存在的知识中延伸出来。在产品空间理论中，产品关联的概念主要被形式化为一个网络，作为产品空间。在产品空间网络中，节点是能力丛载体的产品，是要素投入、制度环境、技术、基础设施等全部生产条件的集合，不同产品间的连接表示它们的关联程度。对关联度和产品空间进行分析，可构建产品发展及其演变过程，并确定重组和创新的时机。同时，由于投入产出联系、知识外溢、人才共享、公共资源及政府专业化服务队伍形成

等方面的累积效应,大量关联产品聚集在同一地区将有助于培育企业持续学习与技术创新的能力。既有研究也表明,知识关联度是企业技术创新多元化的主要决定因素,因而企业更可能进入那些与当前核心竞争力知识关联度更高的产业。因此,相互关联的产品是驱动我国制造业企业创新能力发展的重要推手。企业出口产品与一定地理范围内出口产品的关联程度越高,集群区域越会具备更好的知识溢出效应。因此,充分利用不同地理范围内产品关联所带来的知识溢出,对于提高我国企业创新能力具有积极影响,其可能的影响渠道主要为创新学习效应和人力资本提升效应,如图3-6所示。

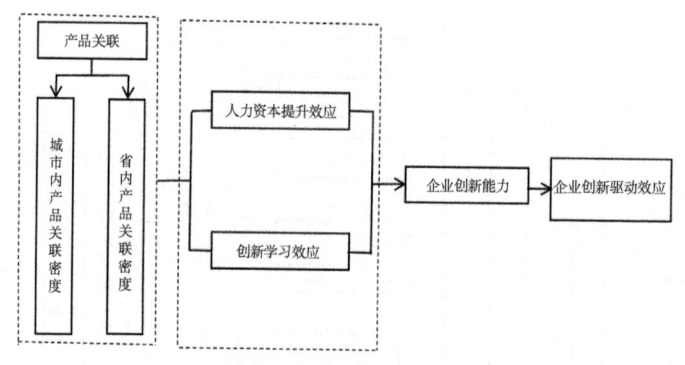

图3-6　产品关联与企业创新驱动效应的分析框架

（1）创新学习效应。由于产品空间表征了产品的空间演化路径,企业可以借助自身的产品优势和能力禀赋,通过不断创新保持领先地位。随着先发企业持续进行创新升级,生产出的产品越复杂,这种先发优势带来的溢出效应就越显著,后发企业可以通过模仿处于优势地位企业的产品空间结构和演进路径,不断向先发企业产品空间特质演化,将出口产品"篮子"瞄准先发企业出口的商品组合、附加值更高的创新产品,从而更好地促进企业创新。从产品空间的角度,产品关联程度越高,其周边累积的生产能力禀赋越大,尝试生产创新产品和高附加值产品的蓝图更加清晰,在较大程度上能够降低发现成本,可以激励企业家勇于开展产品的创新升级尝试,同时也会激发后续企业不断跟进,促使创新升级从点到面蔓延开来。另外,企业间的技术关联与互补性是积累创新能力的重要投入,有利于企业间相互学习。企业集聚在一定地理范围内,共同的知识基础和认知关联性更便于集聚区内企业间的沟通与交流。集聚区内企业通过各种交流方式更容易获得最新的市场信息、产业内知识创新动态,从而提高集聚区内技术创新的效率和能力。此外,在企业的技术创新活动中,缄默知识对技术创新的贡献更重要。但缄默知识由于不能有效地实现格式化,其共享与传播只能在近距离内通过正式与非正式的交流来实现。大量关联性企业在地理空间的集聚为企业提供了近距离学习的机会与条件，从而提高了缄默知识的共享与传播效率。然而，需要强调的是，还有一些学者认为不同行业间的异质性知识和知识流动有助于促进知识的创新、溢出与积累，而且由于学习效应基于认知关联性，产品之间只有在认知距离合适的条件下才能产生有效的知识溢出效应，产品间关联程度过高或地理距离过近也可能对企业创新产生不利影响。

（2）人力资本提升效应。人力资本提升主要涉及劳动体能、技能和智能的改善。相互关联的大量企业集聚于同一区域，一方面可以通过产业集聚的生产率效应和选择效应使得低效率企业逐步退出集聚区，吸引生产效率更高的企业进入，并使得拥有较高生产率的企业倾向于增加对高技能的劳动力需求、减少对低技能劳动力的需求；另一方面，大量相关企业的集聚还可以形成较大规模的中间品和最终产品市场，较大的市场有助于形成专业化分工。专业化分工从外部经济中受益，吸引人力资本的汇集。同时，产品关联与本区域内要素禀赋相结合有助于强化各区域间的竞争效应，地方政府为实现更好的发展而注重对高效率、高质量生产要素的吸引，从而制定高素质人才引进政策，进一步提升本地区的人力资本水平。

另外，区域内产品间关联程度越高，表明这一区域该产品所累积的生产能力禀赋越强，也就越有可能通过与既有优势产业的关联延伸或外生力量调节实现产业结构转型升级。[1]产业结构的转型升级在促进人力资本流动的同时，还提出了更高的要求，这势必会增加对高等技能劳动力的需求，从而直接促进人力资本的提升。

此外，产品关联或生产能力禀赋在推动我国产业升级的过程中，还能通过"干中学"效应和发展培训与教育促进人力资本积累，提高劳动者的技能水平。人力资本是创新活动的关键变量，因此，人力资本提升所带来的劳动力结构优化将有助于实现我国企业创新活动绩效。

综上，基于对产品关联影响我国制造业企业创新驱动的理论分析，本书提出如下研究假说。

H3-1：不同地理范围内产品关联会显著助推我国制造业企业的创新能力。

H3-2：不同地理范围内产品关联会通过创新学习效应显著助推我国制造业企业的创新能力。

H3-3：不同地理范围内产品关联会通过人力资本提升效应显著助推我国制造

---

[1] 王娜. 生产能力禀赋对中国区域产业升级的影响研究[D]. 太原：山西财经大学，2020.

业企业的创新能力。

三、机理分析Ⅱ：产品关联与我国制造业企业效率提高

产品关联有助于促进我国制造业企业的效率提高。首先，认知关联性是企业间知识溢出有效发生的必要条件[①]，企业出口产品与一定地理范围内其他企业的比较优势产品之间的关联越紧密，则越有利于集群区域技术溢出效应的发挥，进而提高企业创新水平、增加企业研发投入，有利于促进企业的技术进步和全要素生产率的提高；其次，企业出口产品与其所在区域其他企业的比较优势产品之间的关联越紧密，越有利于发挥企业间专业分工和相互协作，继而促进企业资源配置的优化、降低生产和交易成本，从而进一步推动企业的技术进步；最后，产品关联还可以通过形成比较优势产业与高素质人才资本共同集聚以及"干中学"效应，促进技术创新并提高企业生产效率。具体而言，在既有研究的基础上，本书认为产品关联主要通过"技术创新效应""知识溢出效应""成本效应"三个路径影响企业生产提高效应，如图3-7所示。

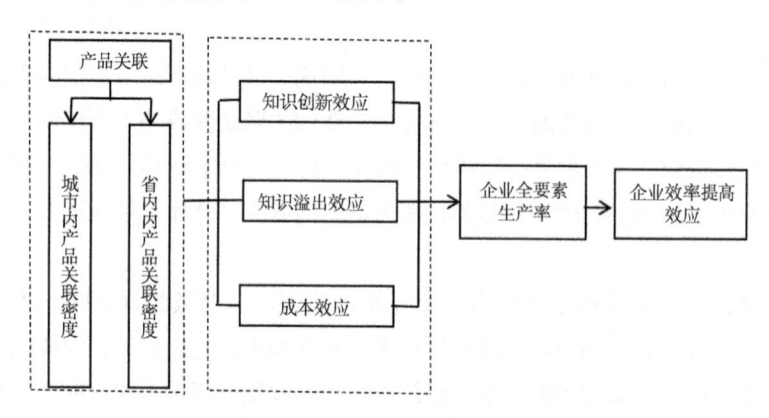

图3-7 产品关联与企业效率提高效应的分析框架

（1）技术创新效应。大量关联产品聚集在同一地区有助于培育企业持续学习与技术创新的能力。首先，产品关联有助于降低技术创新的风险和不确定性，提高创新效率。技术创新的一个主要驱动力是知识之间的关联度，因为新知识被期望从相关的、已经存在的知识中延伸出来。实证研究表明，知识关联性是驱动知识网络演化的关键因素。产品关联测度了一个企业生产的某一产品与其所在

[①] BOSCHMA R, FRENKEN K. The emerging empirics of evolutionary economic geography[J]. Journal of economic geography, 2011, 11 (2): 295-307.

地理范围内其他具有比较优势产品之间相互联系的程度，彼此间关联程度越高，表示企业在知识技术关联、中间品投入、劳动力共享等方面越接近，本地如果有着相似的技术基础或者受过良好教育的工人，一方面可以更快地掌握新知识和技术，另一方面还可以通过对知识关联性和产品空间的分析，构建产品发展及其演变过程，并确定重组和创新的进一步机会。因此，产品关联与创新能力发展紧密相关，而且表现为从生产能力到适应能力再到创新能力的动态升级过程。其次，企业出口产品与其所在区域其他企业的比较优势产品关联度越高，越有利于发挥企业间专业分工和相互协作，而且，相互关联的大量企业集聚在同一区域，由于劳动力"蓄水池"效应，还能通过强化企业间竞争意识，激励创新，增加企业对技术研发的投资，提升技术创新水平。最后，产品关联还可以通过形成比较优势产业与高素质人才资本共同集聚以及"干中学"效应提升人力资本水平，继而有助于提高企业技术创新水平。与此同时，技术创新可以优化配置生产要素，从而提升企业全要素生产率，因此，本书认为产品关联可能通过技术创新促进我国制造业企业生产效率的提高。

（2）知识溢出效应。地理关联性不是知识溢出产生的充分条件，与地理关联性相比，认知关联性对知识溢出效应的影响更大。认知关联性指的是组织知识库的相似程度，是合作伙伴之间沟通和知识转移的关键维度。技术关联是认知相似或互补的结果，它是企业间知识溢出有效发生的必要条件，还对区域产业创新至关重要。如果企业出口产品与当地其他企业的产品关联程度越高，其他企业的知识溢出越容易被吸收，从而更能推动企业的技术进步和区域创新能力的提高。此外，技术关联紧密的企业地理关联性也使得知识和经济资源方便共享，位于同一集群内部的企业可以比集群外部的企业更容易地获取创新所需的投入要素和技术知识。而且，由于集群地区拥有不受市场交易限制的知识连锁以及便利的基础设施、共同的社会规则、类似的语言和文化等，集群区域具备更好的知识溢出效应。因此，企业出口产品与一定地理范围内出口产品的关联度越高，集群区域会具备更好的知识溢出效应。同时，知识溢出效应是促进企业生产率提高的重要途径。因此，产品之间相互关联所引致的知识溢出效应有助于提高企业的生产效率。

（3）成本效应。产品关联带来的"成本效应"可能有助于我国制造业企业生产率提高。首先，产品关联会降低企业生产经营中的不确定成本、交易成本和贸易成本，不仅如此，大量相关企业集聚在特定区域还能通过对区域内基础设施等公共物品的共享来降低企业的生产经营成本。由于劳动力"蓄水池"效应和中间品市场共享的作用，处于同一行业内企业的经营成本和劳动力使用费用会降低[①]，而且，处于同一集群内的企业，还能通过提高供需双方的匹配效率和质量，减少匹配不当及匹配质量低下所引致的成本损失[②]，继而更好地发挥劳动力的潜能，提升企业创新水平。其次，产品关联还可以减少企业的信息搜寻匹配成本。产品关联所带来的技术关联性可以促进与同一行业技术领域知识的渗透与耦合，进而减少知识搜索成本，降低创新风险，并由此获得"逃避竞争"的研发创新。企业各项生产成本的降低，可以使企业有更多的资本从事创新研发及技术升级，从而进一步提高企业生产率。

综上，本部分通过对产品关联影响我国制造业企业效率提高的理论分析，据此提出以下研究假说。

H3-4：不同地理范围内产品关联会显著助推我国制造业企业的效率提高。

H3-5：不同地理范围内产品关联会通过技术创新效应显著推动我国制造业企业的效率提高。

H3-6：不同地理范围内产品关联会通过知识溢出效应显著推动我国制造业企业的效率提高。

H3-7：不同地理范围内产品关联会通过成本效应显著推动我国制造业企业的效率提高。

四、机理分析Ⅲ：产品关联与我国制造业企业质量提升

在产品空间理论中，产品是生产能力的载体，是包含要素投入、制度环境、技术、基础设施等全部生产条件的集合。如果出口企业产品与当地企业的产品有较高的关联程度，表明出口企业与当地企业在生产能力方面也具有较高的相似性，并可能获得集群效应带来的外部经济性，从而有助于促进企业产品质量升级。同时，现有相关研究也表明，一产品与该企业及区域内相关产品关联程度越大，那么这种产品越可能学习相关产品在生产及出口上的经验，从而更有助于提升该企业的产品及本地出口产品的质量。因此，本书认为产品关联对提升我国制造业企业的产品质量具有重要的促进作用。产品关联与认知关联性在地理空间的集聚性对企业产品质量的影响机理主要来自人力资本提升效应、知识溢出效应和

---

① CICCONE A. Agglomeration effects in Europe[J]. European economic review, 2002, 46(2): 213-227.

② HELSLEY R W, STRANGE W C. Matching and agglomeration economies in a system of cities[J]. Regional science and urban economics, 1990, 20(2): 189-212.

中间品质量提升效应，如图 3-8 所示。

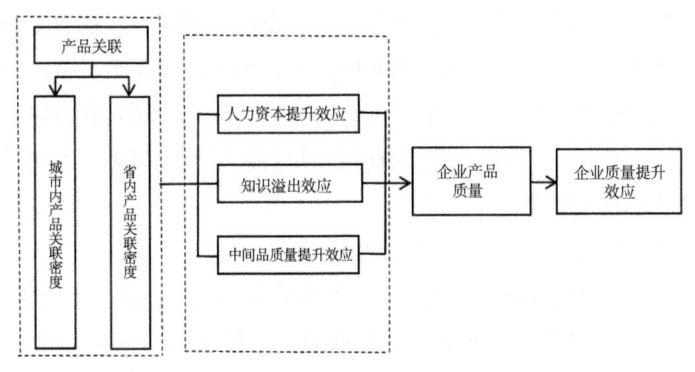

图 3-8　产品关联与企业质量提升效应的分析框架

第一，人力资本提升效应。首先，产品关联将通过两种效应提升人力资本水平。其一，吸引效应。某一地理范围内产品关联程度大的产品一般与当地的要素禀赋结构较契合，从而可能发挥产品比较优势，吸引投资汇集，进而出现区域范围内大规模的产业集聚，并吸引高素质人才跨区流动，形成比较优势产业与高素质人力资本共同集聚的现象；其二，"干中学"效应。区域范围内高技能人力资本的集聚可能淘汰部分低技能人力资本，也可能通过"干中学"效应将低技能人力资本升级成高技能人力资本，从而通过人力资本的积累实现区域内人力资本总体水平的提升。人力资本水平提升后，一方面可以促进技术创新、推动技术进步，另一方面还能提高企业内部的管理运行效率，降低企业运行过程中的无效率损失，进而带动企业出口产品质量升级。①

第二，知识溢出效应。企业层面产品关联可以有效促进知识溢出效应的产生：一是产品关联程度越高，意味着其出口产品与其他企业的产品关联越紧密，越容易吸收其他企业的溢出知识，从而更能推动企业的技术进步；二是产品关联更紧密的企业之间的地理关联性有助于知识和经济资源的共享，共同的知识基础和认知关联性更便于集群内企业之间的沟通与交流，位于同一集群内部的企业可以比集群外部的其他企业更容易获取出口产品质量升级所需的投入要素和技术知识。因此，企业出口产品与一定地理范围内已出口产品的关联程度越高，会使得集群区域具备更好的知识溢出效应，既可以提升企业的生产技术和创新水平，还能提高企业利润率，从而进一步促进企业加大产品研发投入，提升产品质量。

第三，中间品质量提升效应。企业生产并出口某一地理范围内产品关联程度

---

① 程锐，马莉莉．高级人力资本扩张与制造业出口产品质量升级［J］．国际贸易问题，2020（8）：36-51．

高的产品可通过成本效应和竞争效应促进中间品质量提升。首先，产品关联程度高的产品具有比较优势，因此生产成本更低，企业利润更高，从而推动企业提高中间产品的质量；其次，产品相互关联的企业在投入产出联系、劳动力共享、技术关联及市场需求联系等方面较为接近，这又会加剧企业在要素市场和产品市场的竞争，因此，企业为了扩大自己的利润空间会选择进口高质量中间品，从而促进企业出口产品质量提升。

综上所述，本部分提出如下研究假说。

H3-8：不同地理范围内产品关联会显著推动我国制造业企业的产品质量升级。

H3-9：不同地理范围内产品关联会通过人力资本提升效应显著促进我国制造业企业的产品质量升级。

H3-10：不同地理范围内产品关联会通过知识溢出效应显著促进我国制造业企业的产品质量升级。

H3-11：不同地理范围内产品关联会通过中间品质量提升效应显著促进我国制造业企业的产品质量升级。

第四章
我国制造业企业产品关联与高质量发展的典型事实分析

本章主要通过数据统计分析法揭示我国制造业企业产品关联、企业高质量发展的演进及典型事实,为后文分析产品关联对我国制造业企业高质量发展的影响提供现实依据及参考。

第一节 我国制造业企业产品关联的典型事实考查

产品关联可分为企业—产品层面的产品关联和企业层面的产品关联,并根据地理范围的不同,进一步划分为城市内产品关联和省内产品关联。为充分展示我国制造业企业产品关联的典型事实,本节将从不同层面及不同地理范围考查产品关联特征。值得强调的是,本书的产品关联均采用产品关联密度指标进行表征。

一、我国制造业企业产品关联分布特征的总体估计

为考查我国制造业企业产品关联分布的总体特征,本书根据中国海关数据库测算了2000—2015年企业—产品层面及企业层面的不同地理范围内产品关联密度情况,具体的测算结果如表4-1及附表1、附表2、附表3所示。其中,表4-1与附表1为企业—产品层面不同地理范围内产品关联密度的总体分布特征,附表2与附表3则为企业层面不同地理范围内产品关联密度的总体分布特征。

首先,在样本数量观测值上,从企业—产品层面来看,样本数量从2000年

的 292 918，增长到 2015 年的 2 462 990，中间年份虽有波动，但大体呈现出逐年递增的态势。同时，在企业总体层面，观测值数量也基本表现为同一趋势，即逐年增长。这一发展态势基本与这一时期我国国民经济及对外贸易的发展趋势相一致。值得说明的是，企业—产品层面不同地理范围内产品关联的样本数量均远大于企业层面不同地理范围内产品关联的样本数量，其原因在于选择观测的层面不同，前者是从企业的产品层面考查，后者则从企业整体进行考查。

其次，在产品关联密度的平均值上，一方面，无论是企业—产品层面还是企业总体层面，不同地理范围内的产品关联密度平均值都基本呈现出逐年提升的态势。随着对外贸易的发展，出口产品不断增加，产品间的关联呈现出越来越紧密的趋势。这也在一定程度上说明了产品间的关联性对产品出口及企业发展的重要性。同样，可以看出同一层面省内产品关联密度平均值要大于城市内产品关联密度平均值，其原因在于，省内产品关联密度测算公式的分子中具有比较优势产品数量相比城市范围内更多。

表 4-1　2000—2015 年企业—产品层面城市内产品关联密度的总体分布特征

年份	样本数量观测值	平均值	中位数	标准差	最大值	最小值
2000	292 918	0.075	0.074	0.035	0.197	0.001
2001	333 834	0.079	0.081	0.035	0.210	0.001
2002	423 786	0.090	0.092	0.040	0.223	0
2003	510 106	0.092	0.098	0.040	0.224	0
2004	708 953	0.097	0.101	0.040	0.229	0
2005	643 287	0.093	0.094	0.039	0.233	0
2006	841 394	0.095	0.095	0.037	0.227	0
2007	904 865	0.094	0.089	0.038	0.201	0.001
2008	915 720	0.097	0.091	0.041	0.206	0
2009	973 994	0.099	0.095	0.042	0.209	0.001
2010	1 120 822	0.099	0.097	0.041	0.214	0
2011	1 083 147	0.089	0.089	0.034	0.185	0
2012	1 494 243	0.101	0.099	0.044	0.524	0

表 4-1（续）

年份	样本数量观测值	平均值	中位数	标准差	最大值	最小值
2013	1 600 109	0.104	0.100	0.048	0.634	0
2014	1 147 905	0.094	0.089	0.042	0.333	0
2015	2 462 990	0.113	0.105	0.053	0.399	0
总计	15 458 073	0.099	0.095	0.044	0.634	0

数据来源：根据中国海关数据库整理计算得到。

二、我国制造业企业产品关联的地区层面分类特征事实

本部分在分析我国制造业企业产品关联总体情况的基础上，进一步分析我国制造业企业产品关联密度的地区层面分类特征事实。为此，本书依据中国海关数据库测算了企业—产品层面及企业层面不同地理范围内产品关联密度的区域分布特征。依据国家统计局对我国不同区域的划分标准，将北京、天津、河北、辽宁、上海等 11 个省（自治区、直辖市）划分为东部地区，中部地区则主要包括湖北、湖南、江西、安徽等 9 个省（自治区、直辖市），其他 12 个省（自治区、直辖市）则为西部地区（港澳台地区由于数据缺失未予统计）。具体结果如表 4-2 至表 4-6 及附表 4 至附表 6 所示，其中，表 4-2 与表 4-3 为企业—产品层面不同地理范围内产品关联密度的区域分布特征情况，表 4-4 与表 4-5 为企业层面不同地理范围内产品关联密度的区域分布特征情况，表 4-6 与附表 4 为企业—产品层面不同地理范围内产品关联密度的省份分布特征情况，附表 5 与附表 6 为企业层面不同地理范围内产品关联密度的省份分布特征情况。

首先，在区域分布特征上，从样本数量上看，不管是企业—产品层面还是企业总体层面，东部地区均遥遥领先于中西部地区。但在企业—产品层面上，西部地区的样本数量要大于中部地区，在企业总体层面上则刚好相反，中部地区要大于西部地区，这说明在样本期内西部地区出口产品的样本数要多于中部地区，同一时期对外出口产品的企业数则要少于中部地区。此外，就产品关联密度的平均值而言，东部地区企业仍处于较为领先的位置。同时，从不同层面上城市内产品关联密度平均值来看，西部地区企业均大于中部地区企业，但在省内产品关联平均值上，则是中部地区企业大于西部地区企业。这可能是因为西部地区综合交通

基础设施条件不如中部地区，相对而言，地理距离较短的城市内产品间的溢出效应、要素禀赋效应较容易发生作用，因此西部地区的城市内产品关联密度较大，而省内产品关联密度较小。

表 4-2　2000—2015 年企业—产品层面城市内产品关联密度的区域分布特征

区域	样本数量观测值	平均值	中位数	标准差	最大值	最小值
东部	13 394 473	0.100	0.096	0.042	0.634	0
中部	929 627	0.076	0.069	0.047	0.418	0
西部	1 133 973	0.102	0.092	0.060	0.324	0
总计	15 458 073	0.099	0.095	0.044	0.634	0

数据来源：根据中国海关数据库整理计算得到。

表 4-3　2000—2015 年企业—产品层面省内产品关联密度的区域分布特征

区域	样本数量观测值	平均值	中位数	标准差	最大值	最小值
东部	13 394 473	0.178	0.167	0.058	0.587	0.002
中部	929 627	0.130	0.119	0.051	0.428	0.004
西部	1 133 973	0.121	0.107	0.053	0.346	0.001
总计	15 458 073	0.171	0.162	0.060	0.587	0.001

数据来源：根据中国海关数据库整理计算得到。

表 4-4　2000—2015 年企业总体层面城市内产品关联密度的区域分布特征

区域	样本数量观测值	平均值	中位数	标准差	最大值	最小值
东部	1 606 652	0.384	0.372	0.168	1	0
中部	106 128	0.216	0.179	0.161	1	0
西部	65 447	0.267	0.220	0.219	1	0
总计	1 778 227	0.370	0.360	0.176	1	0

数据来源：根据中国海关数据库整理计算得到。

表 4-5　2000—2015 年企业总体层面省内产品关联密度的区域分布特征

区域	样本数量观测值	平均值	中位数	标准差	最大值	最小值
东部	1 606 652	0.566	0.540	0.186	1	0
中部	106 128	0.322	0.299	0.143	0.929	0
西部	65 447	0.287	0.264	0.149	0.980	0
总计	1 778 227	0.541	0.522	0.197	1	0

数据来源：根据中国海关数据库整理计算得到。

其次，在省份分布特征上，从样本数量上来看，企业—产品层面样本数量名列前茅的省份为广东、浙江、江苏、上海、山东、福建、北京、辽宁、四川及河北这 10 个省（直辖市）。从企业总体层面上，可以发现居于前列的除了天津替代了四川而占据第十的位置，其他未变，只是位次略有变化。同样还可发现，这些省份全部为东部地区，从而更进一步证实了东部地区样本数量遥遥领先于中西部地区的结论。另外，从产品关联密度的平均值上看，在企业—产品层面，城市内产品关联的平均值排名较为靠前的省份为甘肃、贵州、青海、云南、浙江、上海、四川、江西、宁夏及江苏这 10 个省（自治区、直辖市），省内产品关联的平均值排名靠前的有浙江、山东、江苏、上海、云南、贵州等省（直辖市）。很显然，在企业—产品层面，城市内产品关联平均值靠前的多在西部地区，但省内产品关联密度排名居前的多在东部地区，这进一步证实了企业—产品层面西部地区企业的产品关联较多存在于城市范围内而东部地区产品关联的地理范围更广的结论，原因也与区域分布特征的解释一致。更进一步地，在企业总体层面，从城市内产品关联密度的平均值来看，排在前列的包括浙江、上海、江苏、四川、辽宁、福建、甘肃、北京等，在省内产品关联密度平均值处于前列的省份同样大多为东部地区，除了城市内产品关联密度平均值居于前列的 6 个省份外还有山东和河北，也就是说，在省内产品关联平均值居于前十位的省份中东部地区有高达 8 个。这表明，在企业总体层面，与中西部地区相比，东部地区企业在不同地理范围内的产品关联密度处于优势地位，且省内产品关联密度相比于城市内产品关联密度的领先优势更为明显。

表 4-6　2000—2015 年企业—产品层面城市内产品关联密度的省份分布特征

省份	样本数量观测值	平均值	中位数	标准差	最大值	最小值
北京	461 258	0.075	0.072	0.031	0.398	0.001
天津	242 004	0.046	0.044	0.016	0.223	0.001
河北	190 707	0.060	0.055	0.026	0.283	0
山西	26 623	0.035	0.035	0.024	0.177	0
内蒙古	34 924	0.057	0.033	0.047	0.318	0
辽宁	448 698	0.101	0.108	0.035	0.343	0
吉林	38 784	0.037	0.038	0.018	0.081	0
黑龙江	72 767	0.063	0.060	0.034	0.196	0
上海	1 440 808	0.107	0.110	0.041	0.248	0
江苏	1 906 067	0.103	0.100	0.042	0.436	0.001
浙江	2 307 254	0.126	0.131	0.045	0.429	0.001
安徽	240 268	0.092	0.091	0.048	0.345	0
福建	765 884	0.087	0.090	0.028	0.387	0
江西	175 112	0.105	0.106	0.053	0.418	0
山东	1 030 448	0.099	0.089	0.048	0.352	0.002
河南	115 711	0.046	0.035	0.032	0.255	0
湖北	180 002	0.070	0.067	0.033	0.238	0
湖南	80 360	0.069	0.073	0.039	0.206	0
广东	4 585 457	0.093	0.091	0.034	0.634	0.004
广西	71 696	0.048	0.038	0.032	0.188	0
海南	15 888	0.046	0.043	0.023	0.114	0.001
重庆	189 694	0.090	0.094	0.056	0.285	0

表 4-6（续）

省份	样本数量观测值	平均值	中位数	标准差	最大值	最小值
四川	337 645	0.106	0.100	0.047	0.247	0
贵州	51 401	0.144	0.154	0.058	0.273	0
云南	120 079	0.128	0.100	0.080	0.324	0
西藏	25 852	0.093	0.100	0.037	0.257	0
陕西	72 028	0.074	0.078	0.026	0.151	0
甘肃	87 056	0.159	0.163	0.060	0.316	0
青海	16 468	0.141	0.163	0.066	0.289	0.001
宁夏	17 885	0.105	0.121	0.059	0.217	0
新疆	109 243	0.077	0.071	0.038	0.267	0
总计	15 458 073	0.099	0.095	0.044	0.634	0

数据来源：根据中国海关数据库整理计算得到。

三、我国制造业企业产品关联的行业层面分类特征事实

为了解我国制造业企业产品关联密度的行业分布特征，本书根据 HS 编码的二分位分类标准，将样本期内我国制造业企业出口产品划分为 60 个行业类别，然后通过中国海关数据库分别测算企业—产品层面及企业层面不同地理范围内的产品关联密度特征（表 4-7）。

首先，从企业—产品层面的样本数量来看，处于前几位的行业主要来自核反应堆、锅炉、机器、机械器具及其零件；电机、电气设备及其零件，录音机及放声机、电视图像、声音的录制和重放设备及其零件、附件；非针织或非钩编的服装；针织或钩编服装或钩编的男式大衣及类似品；塑料及其制品；钢铁制品；家具、寝具、活动房屋等；光学、照相、电影、计量、检验、医疗或外科仪器及设备、精密仪器及设备。与此相对应，在企业层面上，其样本观测数据也基本来自这些行业，只是各行业的位次略有差别，这些产品多是我国大宗商品出口较为集中的行业，既有传统制造业行业，也包括许多机电及高科技行业。

其次，从产品关联密度来看，在企业—产品层面，城市内产品关联密度平均值居于前列的行业包括玩具、游戏品、运动用品及其零件、附件；雨伞、阳伞、手杖、鞭子、马鞭及其零件；钟表及其零件；天然或养殖珍珠、宝石或半宝石、贵金属、包贵金属及其制品，仿首饰，硬币；已加工羽毛、羽绒及其制品，人造花，人发制品；帽类及其零件。省内产品关联程度较大的行业主要集中于化学纤维长丝；化学纤维短丝；玩具、游戏品、运动用品及其零件、附件；蚕丝；雨伞、阳伞、手杖、鞭子、马鞭及其零件；棉花；针织物及钩编织物；特种机制物；其他纺织成品；等等。可见，在企业—产品层面，不同地理范围内的产品关联密度平均值居于前列的行业有较大的相似性，如：玩具、游戏品及运动用品及其零件，雨伞、阳伞、手杖、鞭子、马鞭及其零件，帽类及其零件在不同地理范围内均居于前列，而钟表及其零件等产品的城市内关联密度较高，化学纤维短丝、化学纤维长丝等行业则范围更广，产品关联较多存在于省内。此外，从企业总体层面来看，除了企业—产品层面中居于前列的行业，城市内产品关联密度平均值排在前列的行业还有化学纤维短丝、特种机制物、电机电气类、光学与照相等仪器设备以及无机化学品等，省内产品关联密度平均值居于前列的行业还囊括了铝及其制品、核反应堆、锅炉、机器、机械器具及其零件以及锌及其制品等行业 [具体测算过程和方法可参见第三章的式（3-1）～式（3-7）]。

表 4-7　2000—2015 年企业—产品层面城市内产品关联密度的行业分布特征

行业	样本数量观测值	平均值	中位数	标准差	最大值	最小值
无机化学品，贵金属、稀土金属及放射性元素	305	0.057	0.056	0.032	0.147	0.003
有机化学品	19 782	0.083	0.081	0.042	0.225	0
药品	39 780	0.086	0.084	0.041	0.231	0
鞣料浸膏及染料浸膏	58 996	0.089	0.086	0.039	0.237	0.001
精油及香膏，芳香料制品及化妆	44 212	0.090	0.088	0.035	0.232	0.001
肥皂、洗涤剂、润滑剂	73 370	0.089	0.087	0.038	0.240	0
炸药，易燃材料制品	3 426	0.073	0.071	0.041	0.222	0.002
照相及电影用品	5 585	0.084	0.082	0.039	0.240	0.001
杂项化学产品	102 910	0.083	0.080	0.042	0.280	0

表 4-7（续）

行业	样本数量观测值	平均值	中位数	标准差	最大值	最小值
塑料及其制品	979 506	0.092	0.089	0.039	0.287	0
橡胶及其制品	8 936	0.094	0.095	0.041	0.232	0.003
皮革制品	369 641	0.098	0.100	0.039	0.271	0.001
毛皮、人造毛皮及其制品	23 825	0.070	0.057	0.044	0.249	0
稻草、秸秆、其他编结材料制品	40 630	0.084	0.081	0.044	0.250	0
纸及纸板	193 584	0.092	0.087	0.041	0.333	0
书籍、牛皮纸及其他印刷品	109 531	0.090	0.087	0.037	0.238	0
蚕丝	9 098	0.097	0.101	0.042	0.234	0.001
羊毛、动物细毛或粗毛	11 729	0.096	0.099	0.042	0.225	0.002
棉花	131 724	0.103	0.106	0.041	0.343	0.001
其他植物纺织纤维	22 195	0.090	0.091	0.042	0.273	0.001
化学纤维长丝	3 692	0.102	0.103	0.042	0.232	0.002
化学纤维短丝	28 545	0.100	0.105	0.036	0.228	0.001
絮胎、毡呢及无纺织物	125 538	0.097	0.091	0.045	0.399	0
地毯及其他铺地制品	38 728	0.089	0.085	0.041	0.236	0.001
特种机制物	141 373	0.103	0.103	0.040	0.399	0.001
浸渍、涂布、包覆或压层的织物	75 606	0.093	0.091	0.039	0.245	0.001
针织物及钩编织物	8 981	0.100	0.097	0.040	0.235	0.003
针织或钩编服装或钩编的男式大衣及类似品	1 511 605	0.107	0.101	0.046	0.303	0
非针织或非钩编的服装	1 657 328	0.107	0.103	0.045	0.280	0

表 4-7（续）

行业	样本数量观测值	平均值	中位数	标准差	最大值	最小值
其他纺织成品	468 371	0.102	0.098	0.045	0.399	0
鞋靴、护腿和类似品及其零件	208 216	0.095	0.093	0.042	0.281	0
帽类及其零件	146 783	0.109	0.103	0.051	0.349	0
雨伞、阳伞、手杖、鞭子、马鞭及其零件	48 650	0.117	0.119	0.046	0.291	0.001
已加工羽毛、羽绒及其制品，人造花，人发制品	58 057	0.110	0.115	0.053	0.279	0
陶瓷产品	85 244	0.089	0.086	0.045	0.283	0.001
玻璃及其制品	81 647	0.095	0.092	0.040	0.240	0
天然或养殖珍珠、宝石或半宝石、贵金属、包贵金属及其制品，仿首饰，硬币	41 308	0.111	0.109	0.041	0.245	0.002
钢铁	25 202	0.085	0.078	0.043	0.231	0.001
钢铁制品	820 983	0.092	0.087	0.041	0.280	0
铜及其制品	73 003	0.096	0.091	0.043	0.249	0
镍及其制品	1 352	0.076	0.073	0.037	0.210	0.001
铝及其制品	104 042	0.096	0.091	0.044	0.329	0.001
铅及其制品	2 233	0.080	0.078	0.036	0.210	0.004
锌及其制品	13 689	0.098	0.094	0.038	0.229	0.002
锡及其制品	2 296	0.095	0.101	0.034	0.196	0.001
其他贱金属、金属陶瓷及其制品	9 961	0.071	0.069	0.039	0.227	0.001
贱金属工具	429 394	0.098	0.095	0.043	0.279	0
贱金属杂项制品	400 194	0.099	0.095	0.040	0.279	0.001
核反应堆、锅炉、机器、机械器具及其零件	2 014 638	0.092	0.089	0.041	0.343	0
电机、电气设备及其零件，录音机及放声机、电视图像、声音的录制和重放设备及其零件、附件	1 978 786	0.100	0.096	0.045	0.634	0

表 4-7（续）

行业	样本数量观测值	平均值	中位数	标准差	最大值	最小值
铁道及电车道机车、车辆机器零件	1 865	0.082	0.080	0.040	0.231	0.002
车辆及其零件、附件，但铁道及电车道车辆除外	363 943	0.090	0.086	0.043	0.399	0
航空器、航天器及其零件	555	0.086	0.083	0.036	0.222	0.008
船舶及浮动结构体	9 948	0.089	0.085	0.042	0.232	0.002
光学、照相、电影、计量、检验、医疗或外科用仪器及设备、精密仪器及设备	522 676	0.095	0.092	0.040	0.343	0
钟表及其零件	101 992	0.113	0.113	0.044	0.383	0.001
乐器及其零件、附件	37 579	0.104	0.099	0.054	0.399	0.001
武器、弹药及其零件、附件	1 664	0.086	0.086	0.037	0.225	0.005
家具、寝具、活动房屋等	782 016	0.094	0.090	0.039	0.266	0
玩具、游戏品、运动用品及其零件、附件	445 463	0.117	0.111	0.058	0.415	0.001
杂项制品	324 622	0.105	0.102	0.043	0.399	0.001
艺术品、收藏品及古物	11 540	0.084	0.089	0.034	0.218	0.002
总计	15 458 073	0.099	0.095	0.044	0.634	0

数据来源：根据中国海关数据库整理计算得到。

四、我国制造业企业产品关联的贸易方式分类特征事实

表 4-8 与表 4-9 展示了我国企业—产品层面不同地理范围内产品关联密度的贸易方式分布特征，表 4-10 与表 4-11 则进一步汇报了企业总体层面不同地理范围内产品关联密度的贸易方式分布特征。首先，从不同贸易方式的样本数量来看，不管是从企业—产品层面还是从企业总体层面，一般贸易的样本数量均大于加工贸易的样本数量，这说明我国制造业企业的产品关联更多源自一般贸易类企业。其次，从产品关联密度的平均值来看，无论是企业—产品层面还是企业层面，同一地理范围内不同贸易方式的产品关联密度平均值差异较小，甚至几乎无差别。

表 4-8 2000—2015 年企业—产品层面城市内产品关联密度的贸易方式分布特征

贸易方式	样本数量观测值	平均值	中位数	标准差	最大值	最小值
一般贸易	8 694 338	0.098	0.094	0.044	0.399	0
加工贸易	6 763 735	0.099	0.095	0.044	0.634	0
总计	15 458 073	0.099	0.095	0.044	0.634	0

数据来源：根据中国海关数据库数据整理计算得到。

表 4-9 2000—2015 年企业—产品层面省内产品关联密度的贸易方式分布特征

贸易方式	样本数量观测值	平均值	中位数	标准差	最大值	最小值
一般贸易	8 694 338	0.171	0.163	0.056	0.449	0.003
加工贸易	6 763 735	0.171	0.161	0.064	0.587	0.001
总计	15 458 073	0.171	0.162	0.060	0.587	0.001

数据来源：根据中国海关数据库数据整理计算得到。

表 4-10 2000—2015 年企业总体层面城市内产品关联密度的贸易方式分布特征

贸易方式	样本数量观测值	平均值	中位数	标准差	最大值	最小值
一般贸易	1 056 079	0.361	0.351	0.179	1	0
加工贸易	722 148	0.383	0.373	0.170	1	0
总计	1 778 227	0.370	0.360	0.176	1	0

数据来源：根据中国海关数据库数据整理计算得到。

表 4-11 2000—2015 年企业总体层面省内产品关联密度的贸易方式分布特征

贸易方式	样本数量观测值	平均值	中位数	标准差	最大值	最小值
一般贸易	1 056 079	0.361	0.351	0.179	1	0
加工贸易	722 148	0.383	0.373	0.170	1	0
总计	1 778 227	0.370	0.360	0.176	1	0

数据来源：根据中国海关数据库数据整理计算得到。

第二节　我国制造业企业的发展历程与高质量发展的典型事实考查

总结不同历史发展时期的过程及特征，有助于梳理我国制造业企业发展演进的规律，同时有助于在结合其发展现状的情况下更好地规划其发展路径。因此，本节将首先对我国制造业企业发展的演变过程进行梳理，并在此基础上从企业创新、企业生产率及企业产品质量三个方面对我国制造业企业的高质量发展典型事实进行描述。

一、1949年以来我国制造业企业发展的演进历程

（一）第一阶段（1949—1978年）：初步建立

制造业是一国的立国之本、强国之基、兴国之器。企业作为最重要的市场单元，是推动我国制造业发展的微观基础。可以说，制造业企业的发展质量直接体现了一国生产力发展水平，并决定了其在国际分工中的地位与竞争能力。中华人民共和国成立之初，百废待兴，面对以美国为首的西方国家的经济封锁与技术围困，我国毅然坚持走工业化发展道路。考虑到当时的国际环境与苏联计划经济发展的"示范效应"，在1953—1978年期间，我国推行了高度集中计划经济体制下的进口替代工业化战略。伴随着工业化进程的推进，我国制造业企业进入了一个快速发展的时期。这一时期可大致分为三个时段。

第一时段，即从1953—1957年的第一个五年计划实施时期。在这一时期，我国明确了重工业优先发展的战略，在此期间的重工业投资占到整个工业投资额的近85%[1]。同时，我国政府以苏联援建的156个工业项目为中心，并对694个建设项目构成的工业建设进行了重点发展。这些项目构成了我国工业化的起点，

---

[1]　邢伯春. 中国成为世界工厂问题讨论综述[J]. 经济理论与经济管理, 2003（1）: 76-80.

也基本形成了工业化的初步布局。随着这些项目的建成投产，我国制造业体系初步建立起来，为我国的军工、冶金、化工、机械及能源等工业企业的发展奠定了坚实的基础。工业增加值由 1952 年的不足 120 亿元增长到 1957 年的近 270 亿元，每年增长率超过 17.7%。工业总产值占整个国民经济的比重从 1952 年的不足 18% 扩张到 1957 年的 25.3%。[①]

第二时段，主要是从 1958—1965 年的"大跃进"时期及经济调整时期。这一时期的前期，即 1958—1960 年间的"大跃进"期间，由于过于强调经济发展速度而忽视了经济发展质量，尤其突出强调钢铁等重工业的核心地位，致使我国产业结构失衡，工业企业发展日益畸形，国民经济发展陷入极其严重的困境。为了摆脱经济困境，在随后的 1961—1965 年间，我国进入经济调整时期。在此期间，通过调整产业结构、紧缩工业企业的建设规模及生产指标、加强相关产品生产、满足市场需要等措施，工业企业的生产效益得到了提高，工业生产的速度明显加快。其中，在经济调整的 1963—1965 年期间，工业生产的年均增长率达到了 21.4%[②]。同时，石油工业、化学工业、电子及核工业等产业也取得了显著的发展，至此我国初步建立了较为完整的和具有一定生产能力及技术水平的工业体系。

第三时段，即从 1966—1978 年的经济剧烈波动时期。这是一个特殊动荡的时期，我国工业企业发展受到了严重的冲击，企业正常的生产秩序被破坏，工业生产能力持续下滑。为了扭转这一不利局面，1972 年初的全国计划工作会议明确要求恢复企业的生产秩序，并提出要将产品质量摆在首要位置。同时还要求恢复及完善岗位责任制、质量检验制度、设备管理及维修制度等管理制度。这些制度在 1975 年及 1978 年颁布的《〈关于加快工业发展的若干问题〉草稿》及《中共中央关于加快工业发展若干问题的决定（草案）》中得到了体现。与此同时，20 世纪 70 年代初，我国与美国、日本等西方工业化国家的外交关系逐步改善，这为我国工业企业发展提供了良好的国际环境，并由此形成了中华人民共和国成立后首次引进西方发达国家先进技术、设备的高潮，这也是继苏联援建我国 156 个工业项目之后的进口替代工业化的第二次引进高峰，其结果是直接促使我国能源、化工及冶金等工业企业生产技术水平得到了一定程度的提升。

---

① 赵宸宇，王文春，李雪松. 数字化转型如何影响企业全要素生产率 [J]. 财贸经济，2021，42（7）：114-129.
② 李昕，徐滇庆. 中国外贸依存度和失衡度的重新估算——全球生产链中的增加值贸易 [J]. 中国社会科学，2013（1）：29-55，205.

（二）第二阶段（1979—1991年）：探索与复苏

中华人民共和国成立至1978年的近30年里，我国通过模仿学习苏联的计划经济体制建立了较为完整的制造业工业体系，但生产力较为落后、物资供应严重匮乏，不管是工业制成品还是居民消费品都无法满足市场需求。由于彼时我国的制造业企业更多地从事工业制成品的生产，对居民消费品只能提供基本的生活保障，自行车等轻工产品的供应极为短缺，往往还需凭票购买。1978年中国共产党第十一届中央委员会第三次全体会议（以下简称党的十一届三中全会）以后，随着党和政府逐渐将工作重心转向经济建设，我国制造业企业的发展进入了一个新的阶段。这一时期，我国市场运行的特点就是供不应求，在此基础上我国制造业开始复苏，在此过程中，国营企业担当了我国制造业发展的绝对主力，同时一些军工企业也开始进入民品生产。

这一时期我国制造业发展的着力点在于积极推进国营企业的体制转变，加强对国营制造业企业的放权让利改革。1979年，在中央对国民经济采取"调整、改革、整顿及提高"的方针指导下，国务院颁布了《关于扩大国营工业企业经营管理自主权的若干规定》。随后，1984年国务院又从扩大工业企业经营自主权入手，颁布了《关于进一步扩大国营工业企业自主权的暂行规定》。紧接着，为了促进有计划的社会主义商品市场的发展，建立社会主义制度下的新型经济体制，国务院及有关部门接连在1985年、1986年及1988年分别颁布了《关于增强大中型国营工业企业活力若干问题的暂行规定》《深化企业改革增强企业活力的若干规定》《中华人民共和国全民所有制工业企业法》等。这些改革举措旨在通过推动企业的体制改革扩大国营工业企业的经营自主权，达到提高企业生产积极性的目的。

同时，这一时期的集体经济也取得了较快的发展。从1978—1990年间，我国集体所有制工业企业数量从26.47万家增长到39.59万家，其工业总产值的在国民经济占比则由1978年的21.53%提高到1990年的35.62%[①]。此外，在此期间我国还探索设立了深圳、珠海、汕头及厦门四大经济特区，通过积极引进外资，探索来料加工、委托制造等方式使我国制造业生产逐步融入世界，强化与国际社会的经济往来。

（三）第三阶段（1992—2001年）：全面市场化转型

这一时期以1992年邓小平南方谈话为标志，我国国民经济体制结束了过渡

---

① 余菁. 新中国70年企业制度的演变历程与发展取向[J]. 经济体制改革，2019（6）：5-11.

阶段，开始向市场经济转变，尤其是中国共产党第十四次全国代表大会（以下简称党的十四大）首次明确了建立社会主义市场经济体制，自此我国制造业企业的发展经历一个翻天覆地的变化。国内企业产品生产能力显著提升，产品供不应求的情况得到缓解，并逐步由卖方市场过渡到买方市场。随着社会主义市场经济体制的确立，从计划经济转型的国有制造业企业不适应这种市场环境的突变，缺乏市场竞争意识和品牌观念，面临了日益严峻的竞争压力并出现了严重亏损，甚至不少原有知名的国有制造业企业走向陨落。国有制造业企业数量由20世纪90年代中期前的10万多家锐减到90年代末的5万多家，其占规模以上工业企业总产值的比重也下降到28%左右。不仅如此，这一时期我国集体经济也呈现出了由盛转衰的变化，其工业总产值的年均增长率在20世纪90年代末已低于总体的工业增长水平。集体工业企业数量也从20世纪90年代中期的约38万家回落到1997年的约35万家，此后这种持续下滑的态势一直持续到20世纪90年代末[①]。

与上述公有制经济发展形成鲜明对比的是，在全面走向市场经济及鼓励民营经济发展的政策举措下，我国民营制造业企业呈现高速发展态势。它们依靠敏锐的市场嗅觉和敢为人先的精神，在经济转型过程中逐渐取得了竞争优势。同一时期，随着全国各类工业园区的兴建及规模庞大的市场吸引力，国外大批制造业企业开始进入我国，我国市场的低成本优势逐渐显现，对外贸易规模逐步扩大，国内市场一片欣欣向荣。

随着非公有制经济的快速发展，我国民营企业及外资企业的数量在不到10年间飙升了10倍，由20世纪90年代初的近1万家扩张到90年代末的10万多家，其中规模以上的制造业企业数量先后于1998年及1999年分别超过我国集体制造业企业与国有制造业企业，成为我国制造业企业的重要组成部分。而且这些非公有制制造业企业的工业总产值分别于1995年与1997年突破1万亿元与2万亿元，在1992—1995年期间，其年均总产值增长率甚至超过50%[②]。

这一时期，我国民营制造业企业的崛起与外资制造业企业的进入是其突出特点。国内制造业企业开始广泛引入西方发达国家的工业制成品和消费品的设计与制造技术，同时消费者对工业产品也有了更加多样化的需求。全面市场化转型下的竞争机制促使我国制造业企业开始从粗放型增长模式逐步向集约型增长模式转变。传统的消费品产业转型带动了相关设备投资的大幅增加。工业增长方式向重工业为主转变，其占工业总产出的比重逐步提升。家电等产品成为新的增长点，

---

① 余菁.新中国70年企业制度的演变历程与发展取向[J].经济体制改革，2019（6）：5-11.
② 同上。

继而推动了我国电子信息技术等技术密集型产业的发展。

(四) 第四阶段 (2002—2012年): 新型工业化发展

进入21世纪,我国对外开放程度不断深化,国内企业面临日益严峻的全球化竞争,企业转型升级迫在眉睫。以"三高一低"为特征的粗放式发展模式促进了我国工业企业的快速发展,但这是以牺牲资源与环境的高昂代价为前提的。因此,中国共产党第十六次全国代表大会(以下简称党的十六大)报告明确提出,要以信息化与工业化相互融合及互动,探索一条以技术水平高、经济效益好、资源耗损低、环境污染少,并能充分发挥我国人力资源优势为典型特征的新型工业化之路。

这一时期,随着我国基建规模的扩大、国内消费的升级和对外贸易的扩张,我国制造业企业进入新一轮的快速扩张期。特别是我国工程机械、造船、汽车、电子及通信等行业的飞速发展,直接引出了对钢铁、机械等行业的海量需求,继而带动整个制造业的发展。同期,随着国务院国有资产监督管理委员会的成立,国企治理的多头格局得以结束,同时国家进一步加大了对烟草、能源及钢铁等产业的整合力度,增加了军事工业的投资,大型国有工业企业的经营绩效显著提高,但产权改革的争论又导致国有企业改革趋于停滞。

同一时期,伴随改革开放的进一步深化以及我国加入世界贸易组织,外资开始大量进入我国,并在我国沿海地区成立了大量出口导向型制造业企业。这些企业依靠我国的低成本劳动力及产业集群优势,获得了海量的产品订单,并成为世界制造业的外包生产基地。在此期间,我国民营企业得到了更快的发展,如在"十一五"初期,民营企业的资产占比不到外资企业的一半,而到"十一五"末期,二者的差距大幅缩小,民营企业的收入和利润占比与外资企业大体相当。很多优秀的民营制造业企业通过兼并、重组等方式发展成为业务遍布全国甚至全球的产业集团。许多优质的制造业企业逐步融入全球市场,"中国制造"开始闻名海外。

这一时期,我国的制造业企业飞速发展,得天独厚的低成本优势及人口红利,使得我国产品具备极强的国际竞争力。2006年,我国超过日本成为仅次于美国的世界第二制造业大国,多达172种商品的产量居于世界第一。截至2007年,我国已经连续20年成为世界上制造业增长最快的国家。

随着2008年起始于美国的金融危机席卷全球,我国对外产品出口量开始减少,但在政府扩大内需政策的刺激下,仍实现了高速增长,并于2010年首次超越美国成为全球最大的制造业大国。同时,随着新型工业化战略的深入推进,我国制造业企业的产业布局更为优化，人才队伍建设及人力资源优势得到了较好的发挥，资源的利用效率不断提高。

然而，我国制造业企业的长期高速发展也积累了大量问题。随着人口红利不断消退、要素成本逐渐上升，劳动力的低成本优势不再，出口产品的国际竞争力减弱，沿海地区出现了大量中小企业倒闭潮。同时，外资企业开始不断迁出，转向其他发展中国家。此外，西方发达国家的工业化浪潮再次风起云涌，我国制造业企业面临"高端制造回流"和"低端制造分流"的双重挑战，旧发展模式已无法承担我国制造业企业可持续发展的重任。

不仅如此，我国制造业企业还存在分布不集中、企业规模小、市场竞争力弱等问题。大量制造业企业创新能力不强、创新动力薄弱、核心技术受制于人，普遍存在低端生产能力过剩、高端及有效供给能力欠缺、质量升级动能不足等问题。许多制造业企业提供的产品多为模仿改进型产品，无法满足消费者个性化定制等需求，缺乏质量意识。从某种程度上讲，我国只是一个制造大国而非制造强国，并伴有被低端锁定的风险。

（五）第五阶段（2013年至今）：高质量发展

增长乏力、动荡不安的国际形势给世界经济带来了严峻挑战，我国的数量型人口红利不断减退，以渐进式改革为特征的制度变革红利已经基本释放，经过几十年的高速成长，中国经济发展步入新常态。中国共产党第十八次全国代表大会（以下简称党的十八大）以来，党中央审时度势、积极进取，在坚持稳中求进工作总基调的基础上，取得了建设社会主义现代化的伟大成就，我国制造业发展步入高质量发展阶段。这一发展阶段的转变是与我国经济发展进入新常态的一系列深刻变化相适应的。从经济增长速度来看，我国国民经济的增长率已由年均8%以上下降到2013—2019年的6%~7%，2022年受新型冠状病毒肺炎疫情的影响，其经济增长率更是下降到3%。从产业结构来看，2013年我国第三产业超过制造业首次成为国民经济的第一大产业部门，并成为引领经济发展和吸纳就业的主要力量。这种经济发展的变化标志着我国已经进入到后工业化时代，经济运行表现为增长速度趋缓、产业结构趋优、发展动力转换的经济发展新常态特征。2013年通过的《中共中央关于全面深化改革若干重大问题的决定》中强调，全面深化改革的重点在于经济体制改革，其核心在于处理好政府与市场的关系，要使市场在资源配置中起决定性作用。2015年国务院提出制造强国战略，确立了《中国制造2025》的战略目标，并推进实施国家制造业创新中心建设工程、智能制造工程、工业强基工程、绿色制造工程及高端装备制造工程，为我国制造强国的建设迈出了坚实的步伐。2017年，党的十九大进一步强调，中国特色社会主义现代化建设步入新时代，要贯彻新发展理念，加快建设制造强国和发展先进制造业，推动新型工业化、信息化等发展。毋庸置疑，我国制造业发展已步入高质量发展阶段。

高质量发展要求在经济发展过程中以"质量第一、效益优先"为重要原则，以供给侧结构性改革为主线，通过质量变革、效率变革、动力变革促进经济发展，实现我国经济发展由数量规模的粗放式转向质量效益的集约式发展。加快促进制造业企业的高质量发展，是进一步推进经济高质量发展的重要内容，也是助推我国由制造业大国向制造业强国、由"中国制造"向"中国创造"、由"中国速度"向"中国质量"转变的关键。为进一步推进我国制造业企业高质量发展，党中央及各级政府部门加强规划引导，完善政策举措，在深化要素市场发展、产业结构调整、营商环境改善及企业创新发展等方面取得了积极成效。

为更好地实现要素配置的市场化，扎实推进企业高质量发展，2013年中国共产党第十八届中央委员会第三次全体会议（以下简称党的十八届三中全会）首次明确强调要使市场在资源配置中起决定性作用。随后党中央进一步作出推进供给侧结构性改革的重大举措，逐步推动国有企业改革，放开石油、天然气等自然垄断性行业竞争性环节与公共基础设施及服务市场的准入，建立公开、透明、平等的市场规则和公平竞争的审查制度。2015年10月，为了推进形成市场主体依法平等使用生产要素、公开公平公正参与竞争的市场环境，国务院又制定了《关于实行市场准入负面清单制度的意见》。同时，通过放开金融服务业的市场准入条件，着力解决企业尤其是中小企业的融资难及融资贵等问题。在此基础上，党中央国务院分别于2020年与2022年颁布了《关于构建更加完善的要素市场化配置体制机制的意见》《关于加快建设全国统一大市场的意见》，后者明确提出构建统一的要素及资源市场，建设具有公平竞争、充分开放等特征的全国统一大市场。近年来，随着我国全面开放新格局的逐渐形成，我国制造业企业将进入一个全面开放且深度融入世界经济体系的新时代。目前，我国制造业体系完整优势更为明显，已建成世界规模最大、门类最为齐全、体系最为完整的工业体系。我国制造业企业产品供给的数量、质量、档次都有了大幅提升，200多种主要工业产品产量居世界首位，制造业企业工业增加值占全球比重从2012年的22.5%提升到2021年的30%左右，已稳居世界第一达10年之久。

党的十八大以来，我国产业结构调整始终以供给侧结构性改革为主线，产业结构不断优化，产业组织日益健全，以制造业为代表的工业企业获得了长足发展。中国钢铁企业于2018年完成了1.5亿t的去产能计划，并在2019年将产能利用率恢复到80%。制造业企业的数字及智能化转型发展显著加快。工业和信息化部及国家统计局的数据显示，到2021年，我国规模以上制造业企业的智能化应用率已近50%。关键领域制造业企业的数字化研发设计工具普及率已达到74.7%，相比于2012年，提升幅度近25.9%。同时，我国新兴产业发展也方兴未艾，其增速持续高于整体经济发展速度。在2012—2021年间，与全部制造业年均约7%的增速相比，我国规模以上高新技术制造业企业的增幅高达11.6%，其增加值所占比重也由2012年的近9.4%提升到2021年的超15%。高新技术企业数量从2012年的3.9万家跃升到2022年的40万多家，10年间增长近9.3倍，这些高科技企业贡献了全国各类企业68%的研发支出。根据2022年欧盟发布的《产业研发投入记分牌》显示，我国有762家企业进入全球研发支出2 500强之列。我国新兴的高科技企业正日益成为我国制造业发展的重要力量。

在企业发展环境的营造方面，2013年8月国务院制定了《关于金融支持小微企业发展的实施意见》，旨在全力支持小微企业的良性发展。紧接着，2014年7月国务院又出台《关于促进市场公平竞争维护市场正常秩序的若干意见》。为了进一步便利企业注册，推动大众创新创业，2015年6月国务院办公厅又出台《关于加快推进"三证合一"登记制度改革的意见》。2018年国务院办公厅发布了《关于聚焦企业关切进一步推动优化营商环境政策落实的通知》，要求进一步清除地方保护主义和各类行政垄断行为，破除不合理的门槛及限制。随后，国务院又于2020年实施了《优化营商环境条例》，要求减少政府对市场资源、市场活动的干预，降低制度性交易成本，增强市场主体的发展动力，这些举措为制造业企业的高质量发展营造了良好的外部环境。同年，国务院办公厅又颁布了《关于进一步优化营商环境更好服务市场主体的实施意见》，进一步强调要降低市场主体的准入门槛。随着营商环境的改善，我国营商环境的全球排名由2013年的第96位跃升至2020年的第31位，尤其创立企业、申办许可证、跨境贸易、保护投资者等指标获得显著改善。

从企业创新发展方向来看，党的十八大以来，党中央审时度势，提出了创新驱动发展战略。为加快实施创新驱动发展战略，《中共中央 国务院关于深化体制机制改革加快实施创新驱动发展战略的若干意见》于2015年3月出台。同年10月召开的中国共产党第十八届中央委员会第五次全体会议（以下简称党的十八届五中全会）中首次提出新发展理念，并将创新作为新发展理念的首位。进一步地，我国"十三五"规划提出加强企业创新主体地位和在创新过程中的主导作用，推动企业积极从事基础前沿性的创新活动，努力培育百强创新型企业，形成壮大一批具有国际竞争力的创新型企业，加大对创新产品采购、增加创新投入等的政策支持力度。不仅如此，"十三五"规划也将创新列为新发展理念的首位，并将"创新驱动发展的成效"排在仅次于"保持经济中高速发展"的第二位。同时，中华人民共和国工业和信息化部颁布了《促进中小企业发展规划（2016—2020年）》。2021年，中华人民共和国财政部、中华人民共和国工业和信息化部联合发布了《关于支持"专精特新"中小企业高质量发展的通知》。随后，中华人民共和国工业和信息化部等六部门又联合印发了《关于加快培育发展制造业优质企业的指导意见》。这为我国制造业企业的高质量发展提供了政策指引。

党的十八大以来，我国企业的创新发展能力持续增强，企业创新主体地位越发明显。在企业研发经费方面，与2012年相比，2021年各类企业的研发经费飙升了1.7倍，年均增长率近11.9%，其占全社会研发经费的比重也达到了77%。在企业产学研方面，2021年，多达38.3%的规模以上工业企业开展了研究与试验发展活动，其项目总数为82.5万项，与2012年相比增加了1.9倍。同时，我国高新技术企业自主创新的引领作用日益凸显。截至2021年，我国高新技术企业发明专利的拥有量达到121.3万件，占到全国各类企业发明专利总数的近63.6%。

随着创新能力、规模实力及市场竞争力的不断增强，这些企业正成为我国制造业高质量发展的主力军，并在全球制造业相关领域发挥着积极作用。在2020年入选《财富》世界500强的中国124家企业中，制造业相关企业就达到38家，名列世界第一。同年，我国18家制造业企业位列全球最具价值品牌500强之列。

二、我国制造业企业高质量发展的典型事实考查

（一）我国制造业企业创新驱动典型事实分析

1. 我国制造业企业创新驱动的总体特征

本部分从企业—年份层面考查我国制造业企业创新驱动的总体特征，同时与后文企业创新驱动的代理变量保持一致，即使用企业专利申请总量进行表征。数

据统计结果如表 4-12 所示。从样本数量上看，2000—2015 年，我国制造业企业在 2008 年达到高峰，其后因世界经济不景气，一直持续下降到 2010 年的低点，随后大致呈递增态势。这个发展态势基本与彼时的世界经济发展状况相一致，这也在某种程度上显示出企业创新活动与经济发展有着一定关联。同时，从平均值来看，在样本观察期内，我国制造业企业表现为逐年递增趋势，尤其在 2007—2014 年，其增幅一直处于较高水平，这一结果也初步表明在此期间我国制造业企业的创新能力有了较大幅度的提升。但与 2014 年相比，2015 年企业专利申请的平均值处于低位，这可能和企业数据与 2015 年知识产权数据的模糊匹配存在一定误差有关。

表 4-12 2000—2015 年企业层面我国制造业企业创新驱动的总体特征

年份	样本数量观测值	平均值	中位数	标准差	最大值	最小值
2000	144 666	0.092	0	1.964	418	0
2001	154 324	0.111	0	2.663	503	0
2002	164 295	0.156	0	4.789	1 187	0
2003	178 600	0.169	0	5.236	1 597	0
2004	253 154	0.164	0	6.053	2 243	0
2005	246 353	0.215	0	8.943	3 622	0
2006	275 370	0.282	0	13.85	6 125	0
2007	308 127	0.317	0	13.90	5 059	0
2008	376 105	0.361	0	11.90	4 742	0
2009	325 152	0.561	0	15.35	6 409	0
2010	167 580	0.865	0	17.74	5 654	0
2011	278 798	1.293	0	18.27	5 065	0
2012	299 767	1.619	0	20.16	5 211	0
2013	319 512	1.603	0	21.39	5 989	0

表 4-12（续）

年份	样本数量观测值	平均值	中位数	标准差	最大值	最小值
2014	281 285	2.082	0	22.71	5 217	0
2015	326 455	0.599	0	6.711	2 215	0
总计	4 099 543	0.722	0	14.46	6 409	0

数据来源：根据中国工业企业数据库及知识产权局数据整理计算得到。

2. 我国制造业企业创新驱动的区域分布特征

在分析我国制造业企业创新驱动总体特征的基础上，本部分继续根据中国工业企业数据库及知识产权局数据整理测算得出我国制造业企业省份层面及区域层面的专利申请总量的分布特征。测算结果如表 4-13 及表 4-14 所示。表 4-13 及表 4-14 分别汇报了我国区域层面和省份层面制造业企业的专利申请总量情况。

首先，依据企业所在区域，按照国家统计局对我国不同地区的界定标准，将其划分为东部地区、中部地区和西部地区。从区域层面结果来看，东部地区不管是制造业企业的样本数量还是专利申请总量平均值均远大于中西部地区，这与东部地区的经济发展水平、产业集聚规模及人力资本结构不无关系。中部地区制造业企业的样本数量排在第二位，但是其专利申请量平均值却落后于西部地区，排在最后。

表 4-13　2000—2015 年我国制造业企业创新驱动的区域层面分布特征

区域	样本数量观测值	平均值	中位数	标准差	最大值	最小值
东部	2 936 363	0.770	0	16.00	6 409	0
中部	745 583	0.559	0	8.765	2 436	0
西部	417 597	0.668	0	10.71	3 551	0
总计	4 099 543	0.722	0	14.46	6 409	0

数据来源：根据中国工业企业数据库及知识产权局数据整理计算得到。

其次，从省份层面企业创新驱动的结果来看，样本数量居于前列的省份主要包括江苏、浙江、广东、山东、河南、福建、辽宁、上海、河北及湖北等，不难看出在排在前十的省份中，有 8 个省份位于东部地区，这更清晰地显示了我国东部地区制造业企业在专利申请方面的巨大优势。另外，从各省份制造业企业的专利申请量平均值来看，排在前十的省份中，东部地区有北京、上海、广东、江苏、天津及浙江 6 个省（直辖市），遥遥领先于中西部地区，显示其在企业创新方面的强大竞争实力。中部地区仅有安徽省排名前列，西部地区则包括重庆、四川与陕西 3 个省（直辖市）。其原因主要在于，虽然这 3 个省份位于西部地区，但它们都是我国重要的科教基地，高等教育实力、科研实力较为雄厚，制造业企业的发展水平较高。这也部分解释了为何西部地区制造业企业的专利申请量平均值高于中部地区。

表 4-14　2000—2015 年我国制造业企业创新驱动的省份层面分布特征

省份	样本数量观测值	平均值	中位数	标准差	最大值	最小值
北京	77 625	1.363	0	24.10	2 860	0
天津	86 974	0.876	0	7.319	1 012	0
河北	140 526	0.331	0	8.006	1 523	0
山西	36 825	0.377	0	4.337	371	0
内蒙古	32 930	0.309	0	5.315	327	0
辽宁	180 721	0.259	0	3.286	641	0
吉林	50 656	0.228	0	3.998	563	0
黑龙江	41 578	0.393	0	4.403	260	0
上海	180 309	1.064	0	12.19	1 438	0
江苏	581 229	0.997	0	9.461	1 183	0
浙江	572 110	0.746	0	5.730	1 010	0
安徽	120 484	1.262	0	16.72	2 436	0
福建	181 079	0.503	0	5.700	1 245	0
江西	72 035	0.299	0	3.494	431	0

表 4-14（续）

省份	样本数量观测值	平均值	中位数	标准差	最大值	最小值
山东	406 429	0.399	0	7.116	1 736	0
河南	186 502	0.392	0	4.379	428	0
湖北	125 542	0.535	0	7.687	1 133	0
湖南	111 961	0.548	0	9.132	1 639	0
广东	522 902	1.018	0	32.91	6 409	0
广西	55 791	0.429	0	6.278	681	0
海南	6 459	0.388	0	2.374	53	0
重庆	50 427	1.284	0	16.32	1 291	0
四川	117 340	0.746	0	11.12	1 427	0
贵州	25 565	0.593	0	4.558	256	0
云南	28 643	0.451	0	3.739	232	0
西藏	1 560	0.053	0	0.493	11	0
陕西	38 822	0.622	0	5.729	327	0
甘肃	25 021	0.292	0	3.774	230	0
青海	4 762	0.190	0	2.763	164	0
宁夏	9 113	0.451	0	2.811	67	0
新疆	19 279	0.388	0	4.417	224	0
总计	4 091 199	0.718	0	14.35	6 409	0

数据来源：根据中国工业企业数据库及知识产权局数据整理计算得到。

3. 我国制造业企业创新驱动的行业分布特征

为进一步掌握我国制造业企业创新驱动的行业分布特征，根据国民经济行业分类（GB/T 4754—2017）将我国制造业划分为 31 个行业类别，在此基础上本书整理统计了 31 个行业类别的制造业企业专利申请总量情况。具体结果如表 4-15 所示。首先从样本数量来看，我国制造业企业创新活动主要集中在纺织业，专业设备制造业，化学原料和化学制品制造业，黑色金属冶炼和压延加工业，农副食品加工业，通用设备制造业，计算机、通信和其他电子设备制造业。从企业创新驱动的平均值而言，我国制造业企业创新成效较为显著的是烟草制品业，电气机械和器材制造业，仪器仪表制造业，计算机、通信和其他电子设备制造业，汽车制造业，其他制造业，铁路、船舶、航空航天和其他运输设备制造业等。此外，农副食品加工业与木材加工和木、竹、藤、棕、草制品业是样本期间申请专利数量最少的两个行业。

表 4-15 2000—2015 年我国制造业企业创新驱动的行业层面分布特征

行业	样本数量观测值	平均值	中位数	标准差	最大值	最小值
农副食品加工业	256 384	0.164	0	1.983	300	0
食品制造业	93 945	0.443	0	4.033	236	0
酒、饮料和精制茶制造业	62 777	0.411	0	4.175	441	0
烟草制品业	2 895	3.891	0	23.87	487	0
纺织业	330 040	0.402	0	7.130	698	0
纺织服装、服饰业	189 386	0.345	0	7.876	900	0
皮革、毛皮、羽毛及其制品和制鞋业	96 336	0.310	0	7.299	1 427	0
木材加工和木、竹、藤、棕、草制品业	95 847	0.190	0	3.686	621	0
家具制造业	54 055	0.992	0	13.08	1 042	0
造纸和纸制品业	106 083	0.226	0	3.591	447	0
印刷和记录媒介复制业	71 719	0.240	0	3.371	428	0
文教、工美、体育和娱乐用品制造业	59 285	0.998	0	11.13	1 245	0
石油加工、炼焦和核燃料加工业	27 463	0.386	0	12.73	1 523	0
化学原料和化学制品制造业	301 125	0.454	0	4.482	891	0

表 4-15（续）

行业	样本数量观测值	平均值	中位数	标准差	最大值	最小值
医药制造业	81 852	0.972	0	5.853	625	0
化学纤维制造业	22 594	0.541	0	5.776	349	0
橡胶和塑料制品业	83 447	0.651	0	4.625	326	0
非金属矿物制品业	230 382	0.336	0	3.661	578	0
黑色金属冶炼和压延加工业	295 688	0.250	0	4.969	1 133	0
有色金属冶炼和压延加工业	88 102	0.479	0	9.508	921	0
金属制品业	108 398	0.683	0	5.244	638	0
通用设备制造业	242 995	0.729	0	5.487	681	0
专用设备制造业	309 683	0.837	0	6.485	1 639	0
汽车制造业	173 045	1.304	0	13.89	2 436	0
铁路、船舶、航空航天和其他运输设备制造业	163 609	1.171	0	13.96	1 291	0
电气机械和器材制造业	60 925	2.961	0	34.20	3 727	0
计算机、通信和其他电子设备制造业	241 270	1.710	0	28.26	5 989	0
仪器仪表制造业	120 730	2.752	0	57.76	6 409	0
其他制造业	52 835	1.245	0	7.837	1 136	0
废弃资源综合利用业	68 794	0.433	0	6.983	804	0
金属制品、机械和设备修理业	7 854	0.240	0	2.015	87	0
总计	4 099 543	0.722	0	14.46	6 409	0

数据来源：根据中国工业企业数据库及知识产权局数据整理计算得到。

4. 我国制造业企业创新驱动的所有制分布特征

表 4-16 展示了根据中国工业企业数据库及知识产权局数据整理测算得到的 2000—2015 年我国制造业不同所有制企业的专利申请总量情况。可以发现，在

此期间外资企业的样本数量最大，超过20万，国有企业的样本数量最小，不到外资企业的40%，其他企业的样本数量为12万左右。此外，从不同所有制企业的专利申请总量平均值来看，国有企业专利申请量的平均值最高，其次为外资企业，其他企业则排在最后。这可能与样本期内我国国有企业改革逐步深入、管理能力及盈利能力有了较大改善、企业的研发投入增加有关。与其他所有制企业相比，国有企业或政府的干预有助于缓解知识生产中的市场失灵及非完全独占性问题，使得国有企业具备较之其他类型企业更优良的创新性。外资企业由于技术优势多源自国外母公司的技术转移，因此其在国内较少从事技术研发，其表现形式为创新投入及专利产出的相对较少。其他类型的民营企业由于企业规模较小、竞争能力较弱、抗风险能力不足、投资主体较为单一，特别是缺乏创新活动所需的大量资金及科技人才，因此其创新产出较为不足。

表4-16　2000—2015年我国制造业企业创新驱动的所有制分布特征

企业性质	样本数量观测值	平均值	中位数	标准差	最大值	最小值
外资企业	2 060 410	0.834	0	13.99	6 125	0
国有企业	805 707	0.892	0	20.61	6 409	0
其他企业	1 233 426	0.422	0	9.50	3 622	0
总计	4 099 543	0.722	0	14.46	6 409	0

数据来源：根据中国工业企业数据库及知识产权局数据整理计算得到。

（二）我国制造业企业生产效率典型事实分析

1. 我国制造业企业全要素生产率的总体特征

为了呈现我国制造业企业生产率的总体特征，首先考虑到中国工业企业数据库中2008—2015年间工业增加值等关键数据的缺失，本书借鉴K.Head等以及许和连等的做法，以估计式 $tfp=\ln(y/w)-s\ln(b/w)$ 对企业全要素生产率进行测算，其中 y 表示工业总产值，w 为年均从业人数，b 表示固定资产总值，s 表示资本在生产函数中的贡献率，其取值为1/3。随后，进一步根据中国工业企业数据库对企业—年份层面制造业企业全要素生产率进行测算，得到表4-17的测算结果。从样本数量上看，呈现出先上升后下降的态势，并随后在2011年止跌回升，而后在 2014—2015 年又呈现出下跌趋势。这可能与市场竞争的加剧、企业间兼并重组及部分企业被市场淘汰退出有关。从平均值来看，从 2000—2010 年，我国制造业企业全要素生产率的平均值保持逐年递增态势，随后呈现出递减并保持相对稳定的趋势。导致这一趋势的原因可能是 2010 年后新进企业数量的激增，这些新进企业数量多且生产效率较低，从而对企业的全要素生产率产生了负面的影响。

表 4-17　2000—2015 年我国制造业企业全要素生产率的总体特征

年份	样本数量观测值	平均值	中位数	标准差	最大值	最小值
2000	138 020	3.543	3.584	1.067	9.577	0
2001	148 435	3.665	3.698	1.037	10.25	0
2002	159 413	3.771	3.792	1.008	11.75	0.001
2003	175 254	3.910	3.912	0.976	10.70	0
2004	238 313	4.073	4.041	0.919	10.74	0.005
2005	247 549	4.215	4.183	0.924	10.55	0.008
2006	275 337	4.302	4.261	0.923	10.33	0.008
2007	310 028	4.452	4.410	0.912	10.74	0.012
2008	240 731	4.493	4.457	0.881	11.65	0.053
2009	214 912	4.611	4.571	0.908	10.10	0.030
2010	171 087	4.841	4.849	1.012	11.11	0.047
2011	246 734	4.778	4.701	0.905	11.43	0.109
2012	277 646	4.816	4.738	0.931	12.11	0.070
2013	306 418	4.602	4.540	0.941	11.45	0.006
2014	192 855	4.535	4.467	1.003	11.90	0.014
2015	140 812	4.700	4.667	0.937	11.35	0.193
总计	3 483 544	4.381	4.355	1.017	12.11	0

数据来源：根据中国工业企业数据库数据整理计算得到。

2. 我国制造业企业全要素生产率的区域分布特征

为了解我国制造业企业生产率的区域分布特征,这里进一步从区域层面和省份层面分析我国制造业企业生产率的分布特征。表 4-18 与表 4-19 分别整理统计了 2000—2015 年区域层面与省份层面我国制造业企业全要素生产率的分布特征。

从区域层面看,东部地区企业的样本数量遥遥领先于中西部地区,而西部地区又大幅落后于中部地区,这一结果基本刻画了我国制造业企业全要素生产率的区域发展情况。从不同地区制造业企业生产率平均值来看,也依然呈现出东部地区大于中部地区、中部地区又大于西部地区的分布特征。

表 4-18　2000—2015 年我国制造业企业生产率的区域层面分布特征

区域	样本数量观测值	平均值	中位数	标准差	最大值	最小值
东部	2 528 518	4.423	4.376	0.970	12.11	0
中部	622 824	4.305	4.326	1.093	11.22	0
西部	332 202	4.203	4.215	1.175	11.30	0.001
总计	3 483 544	4.381	4.355	1.017	12.11	0

数据来源:根据中国工业企业数据库数据整理计算得到。

在掌握我国制造业企业全要素生产率的区域分布特征后,进一步考查省份层面的企业全要素生产率分布情况。从表 4-19 可知,在样本数量上,位于前十的省份主要有浙江、江苏、广东、山东、福建、辽宁、河南、上海、河北与湖北。从企业全要素生产率的水平分布来看,我国制造业企业全要素生产率水平最高的 10 个省份中,东部地区所占比重最多,其次为中部地区,西部地区最少。

表 4-19　2000—2015 年我国制造业企业生产率的省份层面分布特征

省份	样本数量观测值	平均值	中位数	标准差	最大值	最小值
上海	153 848	4.398	4.337	0.926	11.75	0
云南	23 403	3.980	3.966	1.157	11.21	0.016
内蒙古	26 978	4.505	4.504	1.198	10.54	0.019
北京	69 332	4.322	4.301	1.138	10.86	0
吉林	42 359	4.385	4.430	1.200	9.664	0.007

表 4-19（续）

省份	样本数量观测值	平均值	中位数	标准差	最大值	最小值
四川	95 379	4.424	4.403	1.087	10.66	0.012
天津	66 415	4.396	4.374	1.148	12.11	0.004
宁夏	7 349	4.096	4.106	1.026	9.547	0.008
安徽	105 207	4.403	4.393	1.030	10.54	0.001
山东	349 462	4.595	4.594	1.052	11.90	0.007
山西	32 509	3.820	3.830	1.107	10.07	0.001
广东	446 069	4.311	4.275	0.967	10.72	0.002
广西	44 700	4.256	4.291	1.218	10.77	0.013
新疆	15 518	4.055	4.079	1.121	9.455	0.015
江苏	463 364	4.491	4.442	0.916	11.13	0.005
江西	63 377	4.379	4.421	1.180	10.69	0
河北	124 134	4.398	4.397	1.140	10.20	0.002
河南	157 581	4.379	4.414	1.034	10.71	0.001
浙江	528 563	4.361	4.292	0.804	10.84	0.018
海南	5 240	3.934	3.974	1.268	8.874	0.026
湖北	106 507	4.302	4.304	1.050	11.22	0
湖南	80 362	4.203	4.214	1.083	10.63	0.003
甘肃	20 307	3.688	3.727	1.251	10.38	0.003
福建	162 227	4.345	4.308	0.933	11.13	0.018
西藏	1 161	2.583	2.599	1.272	6.260	0.012
贵州	20 620	3.908	3.944	1.276	9.641	0.001
辽宁	159 864	4.562	4.575	1.116	10.74	0.003

表 4-19（续）

省份	样本数量观测值	平均值	中位数	标准差	最大值	最小值
重庆	39 912	4.267	4.245	1.023	10.12	0.005
陕西	33 167	4.021	4.059	1.186	11.30	0.009
青海	3 708	3.806	3.872	1.281	8.743	0.044
黑龙江	34 922	4.148	4.157	1.214	9.418	0.006
总计	3 483 544	4.381	4.355	1.017	12.11	0

数据来源：根据中国工业企业数据库数据整理计算得到。

3. 我国制造业企业全要素生产率的行业分布特征

为分析我国制造业企业全要素生产率的行业分布特征，依据相关材料测算出我国制造业企业的全要素生产率分布状况，结果如表4-20所示。在样本数量上，2000—2015年间，我国制造业企业数量较多的行业主要包括纺织业，专用设备制造业，化学原料和化学制品制造业，黑色金属冶炼和压延加工业，农副食品加工业，通用设备制造业，非金属矿物制品业，计算机、通信和其他电子设备制造业，纺织服装、服饰业及汽车制造业等。另外，从企业全要素生产率平均值来看，我国制造业企业全要素生产率平均值最高的行业主要为石油加工、炼焦和核燃料加工业，有色金属冶炼和压延加工业，金属制品业，农副食品加工业，电气机械和器材制造业等。印刷和记录媒介复制业的企业全要素生产率居于最后。

表 4-20　2000—2015年我国制造业企业全要素生产率的行业层面分布特征

行业	样本数量观测值	平均值	中位数	标准差	最大值	最小值
农副食品加工业	214 737	4.715	4.759	1.063	10.16	0
食品制造业	78 889	4.241	4.256	1.058	10.02	0.004
酒、饮料和精制茶制造业	53 873	4.206	4.236	1.107	9.956	0.001
烟草制品业	2 286	4.158	4.075	1.308	10.80	0.048
纺织业	285 293	4.266	4.249	0.907	10.94	0.002
纺织服装、服饰业	165 671	4.096	4.058	0.904	10.42	0.008

表 4-20（续）

行业	样本数量观测值	平均值	中位数	标准差	最大值	最小值
皮革、毛皮、羽毛及其制品和制鞋业	84 073	4.287	4.241	0.949	9.999	0.005
家具制造业	45 716	4.307	4.278	0.913	9.731	0.012
造纸和纸制品业	92 036	4.292	4.288	0.896	10.43	0.006
印刷和记录媒介复制业	60 679	3.881	3.902	1.009	8.427	0.003
文教、工美、体育和娱乐用品制造业	51 296	4.177	4.132	0.941	11.03	0.022
石油加工、炼焦和核燃料加工业	23 619	4.941	4.924	1.179	10.69	0
化学原料和化学制品制造业	255 123	4.605	4.606	1.024	11.21	0
医药制造业	68 910	4.253	4.237	1.039	9.560	0.003
化学纤维制造业	19 541	4.625	4.656	0.923	9.251	0.221
橡胶和塑料制品业	66 322	4.350	4.302	0.924	9.981	0.007
非金属矿物制品业	193 439	4.394	4.366	0.903	10.71	0.005
黑色金属冶炼和压延加工业	254 647	4.131	4.132	1.062	10.66	0.002
有色金属冶炼和压延加工业	71 503	4.867	4.866	1.092	10.51	0.030
金属制品业	88 151	4.811	4.723	1.136	10.84	0
通用设备制造业	206 450	4.408	4.362	0.944	11.65	0.008
专用设备制造业	264 284	4.378	4.352	0.964	11.15	
汽车制造业	144 597	4.317	4.300	1.047	11.45	0.005
铁路、船舶、航空航天和其他运输设备制造业	141 145	4.302	4.282	1.016	11.22	0.007
电气机械和器材制造业	42 451	4.656	4.582	0.969	11.13	0.144
计算机、通信和其他电子设备制造业	181 751	4.603	4.547	0.956	11.30	0.018
仪器仪表制造业	118 234	4.315	4.252	1.039	10.86	0.008

表 4-20（续）

行业	样本数量观测值	平均值	中位数	标准差	最大值	最小值
其他制造业	53 587	4.271	4.253	1.073	11.90	0.005
废弃资源综合利用业	56 922	4.259	4.209	1.045	11.65	0.003
金属制品、机械和设备修理业	18 393	4.199	4.054	1.287	12.11	0.021
总计	3 483 544	4.381	4.355	1.017	12.11	0

数据来源：根据中国工业企业数据库数据整理计算得到。

4. 我国制造业企业全要素生产率的所有制分布特征

表 4-21 展示了 2000—2015 年我国制造业不同所有制企业的全要素生产率分布特征。从中可以看出，样本数量处于首位的是外资企业，达到 1 891 624 个。同时，从不同所有制企业的生产率平均值来看，排在第一位的仍然是外资企业，其他企业与国有企业紧随其后，且二者间几乎无差异。这一方面说明外资企业全要素生产率水平较高，另一方面也说明其他企业及国有企业，特别是以民营企业为主的其他所有制企业在创新投入及生产率方面取得了较快的进步，而国有企业由于自身机制体制的限制，在企业全要素生产率方面渐趋落后。

表 4-21 2000—2015 年我国制造业企业生产率的所有制分布特征

企业性质	样本数量观测值	平均值	中位数	标准差	最大值	最小值
外资企业	1 891 624	4.586	4.533	0.922	11.65	0.009
国有企业	397 866	4.114	4.201	1.361	12.11	0
其他企业	1 194 054	4.146	4.101	0.953	11.90	0
总计	3 483 544	4.381	4.355	1.017	12.11	0

数据来源：根据中国工业企业数据库数据整理计算得到。

（三）我国制造业企业出口产品质量典型事实分析

1. 我国制造业企业出口产品质量的总体特征

为了得出我国出口产品质量的总体特征，这里从企业—产品—目的国—年份层面对我国制造业企业的出口产品质量进行了测算。对于出口产品质量的测算，本书参照 K.A.Khandelwal 等的做法，用 CES 效应函数来测度出口产品质量，产品的需求函数如下：

$$\theta_{fict} = p_{fict}^{-\sigma} q_{fict}^{\sigma-1} P_{ct}^{\sigma-1} Y_{ct} \tag{4-1}$$

其中，θ_{fict}、q_{fict} 和 p_{fict} 分别表示在 HS 6 位码上，企业 f 在 t 年出口到 c 国的产品 i 的数量、质量和价格，P_{ct} 为出口目的国 c 在 t 年的价格指数，Y_{ct} 表示出口目的国 c 在 t 年的消费总支出，σ 表示不同产品间的替代弹性。对式（4-1）取自然对数，得到式（4-2）：

$$\ln \theta_{fict} + \sigma \ln p_{fict} = \gamma_i + \gamma_{ct} + \varepsilon_{fict} \tag{4-2}$$

其中，γ_i 和 γ_{ct} 分别表示产品固定效应与目的国—年份固定效应，其中，目的国—年份固定效应可以控制式（4-1）中出口目的国的价格指数与出口目的国消费总支出的差异；ε_{fict} 为包含了出口产品质量的残差。式（4-2）仅考虑了产品价格和质量对产品需求量的影响，并未考虑产品水平多样化特征，即产品种类的影响。为此，借鉴苏丹妮等的做法，在式（4-2）中添加表示国内市场需求规模的各省份实际国内生产总值（GDP）作为控制变量，然后再对式（4-2）进行普通最小二乘法（OLS）估计，从而得到残差估计值 $\hat{\varepsilon}_{fict}$ 和企业—产品—目的国—年份层面的出口产品质量。具体如下：

$$\ln \hat{q}_{fict} = \frac{\hat{\varepsilon}_{fict}}{\sigma - 1} \tag{4-3}$$

其中，σ 的取值参考 C.M.Broda 等的研究并与其一致。此外，为便于比较和加总分析，本书还对式（4-3）进行标准化处理：

$$qua_{fict} = \frac{\ln \hat{q}_{fict} - \min \ln \hat{q}_{fict}}{\max \ln \hat{q}_{fict} - \min \ln \hat{q}_{fict}} \tag{4-4}$$

随后，参照施炳展等的做法对中国海关数据库中的数据进行了处理，在此基础上测度我国制造业企业在企业—产品—目的国层面的出口产品质量，并得到表 4-22 中的测算结果。可以发现，从 2000—2015 年的样本数量来看，我国制造业企业的出口产品样本量基本呈现出递增趋势，这一趋势与 2001 年我国加入 WTO 后对外贸易的飞速发展密切相关。同时，从出口产品质量平均值来看，则在大体稳定中呈现出略有下降的态势。

表 4-22 2000—2015 年企业—产品层面我国制造业企业出口产品质量的总体特征

年份	样本数量观测值	平均值	中位数	标准差	最大值	最小值
2000	385 285	0.468	0.470	0.143	1	0
2001	467 346	0.466	0.467	0.143	1	0
2002	605 522	0.464	0.465	0.144	1	0
2003	751 239	0.463	0.464	0.146	1	0
2004	1 060 084	0.465	0.464	0.146	1	0
2005	1 118 352	0.463	0.464	0.146	1	0
2006	1 459 134	0.463	0.464	0.149	1	0
2007	1 345 429	0.463	0.461	0.156	1	0
2008	1 357 164	0.462	0.462	0.157	1	0
2009	1 527 536	0.462	0.462	0.156	1	0
2010	1 964 823	0.461	0.458	0.154	1	0
2011	2 612 222	0.462	0.463	0.150	1	0
2012	4 064 157	0.455	0.455	0.148	1	0
2013	4 648 390	0.455	0.455	0.145	1	0
2014	3 363 548	0.455	0.456	0.153	1	0
2015	6 519 759	0.455	0.459	0.150	1	0
总计	33 249 990	0.459	0.459	0.150	1	0

数据来源：根据中国海关数据库整理计算得到。

2. 我国制造业企业出口产品质量的区域分布特征

在进一步整理中国海关数据库中数据的基础上，从区域及省份层面分析我国制造业企业出口产品质量的分布特征。表 4-23 与表 4-24 分别展示了区域及省份层面我国制造业企业出口产品质量的分布特征。首先，从区域层面来看，我国基于企业—产品—目的国—年份层面的对外出口产品主要集中在东部地区，其次为西部地区，而后为中部地区。2000—2015 年间，省份层面对外出口产品前十位中，东部地区有 8 个，即广东、浙江、江苏、上海、福建、山东、北京与辽宁，而西部及中部地区均仅有一个省，即四川和安徽。另外，从出口产品质量水平来看，东部地区也处于高位，只是略低于中部地区，这也与样本期内我国各地区经济发展程度相关。进一步地，从省份层面来看，我国制造业企业出口产品质量较高的省份分布较为均衡，既有位于东部地区的河北、山东、天津及辽宁 4 个省份，也有分别处于中部及西部地区的 6 个省份，即位于中部地区的山西、湖南及黑龙江与西部地区的新疆、宁夏及广西。

表 4-23 2000—2015 年我国制造业企业出口产品质量的区域层面分布特征

区域	样本数量观测值	平均值	中位数	标准差	最大值	最小值
东部	29 307 170	0.459	0.459	0.151	1	0
中部	1 759 226	0.463	0.465	0.147	1	0
西部	2 183 594	0.451	0.454	0.135	1	0
总计	33 249 990	0.459	0.459	0.150	1	0

数据来源：根据中国海关数据库整理计算得到。

表 4-24 2000—2015 年我国制造业企业出口产品质量的省份层面分布特征

省份	样本数量观测值	平均值	中位数	标准差	最大值	最小值
北京	576 806	0.432	0.425	0.161	1	0
天津	352 718	0.470	0.472	0.175	1	0
河北	365 129	0.507	0.514	0.157	1	0
山西	44 760	0.511	0.513	0.153	1	0.002
内蒙古	32 237	0.466	0.467	0.147	0.991	0
辽宁	537 680	0.471	0.473	0.153	1	0

表 4-24（续）

省份	样本数量观测值	平均值	中位数	标准差	最大值	最小值
吉林	32 833	0.449	0.451	0.161	1	0
黑龙江	80 266	0.477	0.482	0.142	1	0
上海	2 515 832	0.443	0.441	0.162	1	0
江苏	3 647 425	0.461	0.462	0.163	1	0
浙江	7 808 084	0.462	0.462	0.139	1	0
安徽	553 292	0.455	0.457	0.144	1	0
福建	1 851 909	0.466	0.471	0.150	1	0
江西	368 329	0.459	0.463	0.139	1	0
山东	1 653 242	0.478	0.480	0.154	1	0
河南	215 429	0.461	0.457	0.157	1	0
湖北	296 314	0.461	0.460	0.152	1	0
湖南	168 003	0.483	0.490	0.150	1	0
广东	9 981 430	0.454	0.454	0.149	1	0
广西	96 184	0.475	0.482	0.152	1	0
海南	16 915	0.462	0.464	0.148	1	0
重庆	542 588	0.455	0.462	0.138	1	0
四川	720 897	0.444	0.446	0.128	1	0
贵州	101 746	0.456	0.465	0.135	0.961	0
云南	188 190	0.440	0.445	0.129	1	0
西藏	26 406	0.475	0.480	0.122	0.937	0.017
陕西	101 546	0.439	0.441	0.151	1	0

表 4-24（续）

省份	观测值	平均值	中位数	标准差	最大值	最小值
陕西	101 546	0.439	0.441	0.151	1	0
甘肃	225 224	0.441	0.444	0.123	1	0
青海	46 746	0.426	0.427	0.128	1	0
宁夏	31 869	0.482	0.489	0.148	1	0
新疆	69 961	0.506	0.510	0.152	1	0
总计	33 249 990	0.459	0.459	0.150	1	0

数据来源：根据中国海关数据库整理计算得到。

3. 我国制造业企业出口产品质量的行业分布特征

根据 HS 编码的二分位分类标准，将 2000—2015 年我国制造业企业出口产品划分为 60 个行业类别[1]，并分别测算这些行业的出口产品质量。测算结果如表 4-25 所示。首先从样本数量来看，样本期内我国制造业企业出口的产品主要分布在以下行业内：电机、电气设备及其零件，录音机及放声机、电视图像、声音的录制和重放设备及其零件、附件；核反应堆、锅炉、机器、机械器具及其零件；塑料及其制品；针织或钩编服装或钩编的男式大衣及类似品；家具、寝具、活动房屋等；玩具、游戏品、运动用品及其零件、附件；非针织或非钩编的服装；钢铁制品；光学、照相、电影、计量、检验、医疗或外科用仪器及设备、精密仪器及设备；等等。以上行业既有科技含量较高的高新技术产业，也包括劳动密集型产业。其次，从出口产品质量平均值来看，处于前列的行业主要有：炸药、易燃材料制品；武器、弹药及其零件、附件；羊毛、动物细毛或粗毛；照相及电影用品；无机化学品、贵金属、稀土金属及放射性元素；其他植物纺织纤维；铁道及电车道机车、车辆及其零件；蚕丝；棉花；针织物及钩编织物与钢铁。从中不难看出，这些出口产品较多属于传统制造业，仅有铁道及电车道机车为机电行业，其他高新科技行业的出口产品质量有待进一步提高，同时也间接解释了为何宁夏、新疆等西部地区的出口产品质量较高，其可能的原因在于其具有

---

[1] 由于我国制造业企业出口产品质量的测算是根据中国海关数据库整理得到，而中国海关数据库的行业分类是依据海关编码，即 HS 的 2 位码。

相对竞争优势的出口产品具备较高的产品质量。

表4-25 2000—2015年我国制造业企业出口产品质量的行业层面分布特征

行业	样本数量观测值	平均值	中位数	标准差	最大值	最小值
无机化学品，贵金属、稀土金属及放射性元素	494	0.542	0.566	0.191	1	0
有机化学品	73 935	0.503	0.500	0.153	1	0
药品	115 115	0.463	0.455	0.151	1	0
鞣料浸膏及染料浸膏	96 748	0.476	0.472	0.166	1	0
精油及香膏，芳香料制品及化妆	104 235	0.469	0.465	0.149	1	0
肥皂、洗涤剂、润滑剂	157 688	0.469	0.464	0.151	1	0
炸药、易燃材料制品	9 073	0.589	0.590	0.136	1	0
照相及电影用品	12 249	0.550	0.558	0.183	1	0
杂项化学产品	225 916	0.489	0.492	0.165	1	0
塑料及其制品	2 385 741	0.439	0.439	0.143	1	0
橡胶及其制品	16 874	0.431	0.427	0.151	1	0
皮革制品	735 158	0.473	0.478	0.141	1	0
毛皮、人造毛皮及其制品	29 304	0.486	0.485	0.154	1	0
稻草、秸秆、其他编结材料制品	115 907	0.511	0.513	0.137	1	0
纸及纸板	356 689	0.413	0.412	0.151	1	0
书籍、牛皮纸及其他印刷品	151 415	0.403	0.394	0.169	1	0
蚕丝	14 859	0.525	0.520	0.156	1	0
羊毛、动物细毛或粗毛	16 355	0.554	0.560	0.159	1	0
棉花	160 834	0.523	0.522	0.156	1	0
其他植物纺织纤维	25 281	0.540	0.545	0.161	1	0
化学纤维长丝	2 636	0.516	0.525	0.205	1	0

表 4-25（续）

行业	样本数量观测值	平均值	中位数	标准差	最大值	最小值
化学纤维短丝	30 108	0.517	0.519	0.158	1	0
絮胎、毡呢及无纺织物	201 087	0.477	0.475	0.160	1	0
地毯及其他铺地制品	68 790	0.497	0.494	0.154	1	0
特种机制物	209 574	0.476	0.476	0.157	1	0
浸渍、涂布、包覆或压层的织物	150 468	0.517	0.525	0.159	1	0
针织物及钩编织物	7 894	0.519	0.522	0.168	1	0
针织或钩编服装或钩编的男式大衣及类似品	2 250 596	0.487	0.494	0.144	1	0
非针织或非钩编的服装	2 065 153	0.488	0.492	0.147	1	0
其他纺织成品	825 320	0.467	0.466	0.146	1	0
鞋靴、护腿和类似品及其零件	601 622	0.491	0.497	0.129	1	0
帽类及其零件	416 970	0.448	0.448	0.140	1	0
雨伞、阳伞、手杖、鞭子、马鞭及其零件	104 508	0.468	0.466	0.145	1	0
已加工羽毛、羽绒及其制品，人造花，人发制品	199 019	0.486	0.486	0.144	1	0
陶瓷产品	356 993	0.512	0.519	0.131	1	0
玻璃及其制品	202 132	0.464	0.465	0.142	1	0
天然或养殖珍珠、宝石或半宝石、贵金属、包贵金属及其制品，仿首饰，硬币	130 773	0.410	0.409	0.138	1	0
钢铁	21 641	0.517	0.525	0.172	1	0
钢铁制品	1 562 805	0.460	0.462	0.154	1	0
铜及其制品	78 608	0.409	0.401	0.162	1	0
镍及其制品	1 262	0.498	0.498	0.204	1	0
铝及其制品	211 804	0.453	0.454	0.149	1	0

表 4-25（续）

行业	样本数量观测值	平均值	中位数	标准差	最大值	最小值
铅及其制品	1 226	0.410	0.404	0.183	1	0
锌及其制品	18 929	0.449	0.449	0.156	1	0
锡及其制品	4 216	0.373	0.368	0.127	1	0
其他贱金属、金属陶瓷及其制品	17 082	0.495	0.492	0.178	1	0
贱金属工具	1 087 143	0.454	0.453	0.139	1	0
贱金属杂项制品	864 441	0.455	0.457	0.145	1	0
核反应堆、锅炉、机器、机械器具及其零件	3 970 422	0.454	0.453	0.158	1	0
铁道及电车道机车、车辆机器零件	9 680	0.539	0.543	0.160	1	0
电机、电气设备及其零件，录音机及放声机、电视图像、声音的录制和重放设备及其零件、附件	5 253 557	0.441	0.441	0.159	1	0
车辆及其零件、附件，但铁道及电车道车辆除外	983 299	0.455	0.458	0.153	1	0
航空器、航天器及其零件	1 127	0.479	0.468	0.199	1	0
船舶及浮动结构体	20 606	0.510	0.513	0.172	1	0
光学、照相、电影、计量、检验、医疗或外科用仪器及设备、精密仪器及设备	1 144 982	0.441	0.435	0.156	1	0
乐器及其零件、附件	111 660	0.473	0.474	0.149	1	0
武器、弹药及其零件、附件	3 164	0.566	0.579	0.186	1	0
家具、寝具、活动房屋等	2 234 249	0.456	0.459	0.142	1	0
玩具、游戏品、运动用品及其零件、附件	2 151 805	0.442	0.437	0.120	1	0
杂项制品	868 769	0.472	0.473	0.139	1	0
总计	33 249 990	0.459	0.459	0.150	1	0

数据来源：根据中国海关数据库整理计算得到。

4. 我国制造业企业出口产品质量的贸易方式分布特征

表 4-26 展示了 2000—2015 年企业—产品—目的国—年份层面不同贸易方式下我国制造业企业出口产品质量的分布情况。可以看出，在样本考查期内，加工贸易方式下的样本数量远胜于一般贸易下的样本量，甚至超过后者 2 倍有余，原因在于加工贸易的产品分布较广。进一步地，从出口产品质量平均值来看，一般贸易下的出口产品质量要高于加工贸易下的出口产品质量，但二者差异不大，这表明不同贸易方式下的出口产品质量并无太大异质性。

表 4-26 2000—2015 年我国制造业企业出口产品质量的贸易方式分布特征

贸易方式	样本数量	平均值	中位数	标准差	最大值	最小值
一般贸易	10 338 887	0.462	0.464	0.146	1	0
加工贸易	22 911 103	0.457	0.457	0.151	1	0
总计	33 249 990	0.459	0.459	0.150	1	0

数据来源：根据中国海关数据库数据整理计算得到。

第五章
产品关联对我国制造业企业创新驱动的影响研究

近年来,随着国内外市场竞争的加剧和技术更新换代的不断加快,我国企业创新模式已逐步从以自主研发为主的封闭式创新模式演变为以引入外部知识为主的开放式创新模式,企业创新的关键环节转变为如何有效获取与利用外部的知识和技术,实现与自身内部资源的整合与发展,培育并强化自身的研发能力。获取外部溢出是知识获取的重要途径之一,对知识积累和技术创新至关重要。产品空间理论的核心概念之一是产品关联,它强调产品空间内不同产品间的距离并非均等,产品获取外部溢出的规模和范围也不相同,因而,产品未来发展前景也并不相同。既有研究表明,企业出口产品与一定地理范围内出口产品的关联程度越高,集群区域就会具备越好的知识溢出效应,那么在经验研究上,产品空间理论能否在我国企业创新层面得到体现?如果答案是肯定的,那么企业又是通过何种渠道实现企业创新的呢?溢出效应是否又会因为企业的不同区域或类型而表现不同?关于这些问题,现有文献还未论及,也未对此议题展开具体研究。基于此,本章拟从产品空间理论视角研究产品关联对我国企业创新的影响效应。

第一节 数据与计量模型设定

一、数据来源与处理

本章使用的数据的来源主要有联合国商品贸易统计数据库(2000—2015

年)、中国海关数据库(2000—2015年)、中国专利数据库(2000—2015年)及中国工业企业数据库(2000—2015年)。需要说明的是,本书中所涉及的核心解释变量——微观层面不同地理范围内产品关联的测算需要使用中国海关数据库企业层面的数据,但是目前其数据仅更新到2015年,自2016年后仅提供产品层面的数据;本书所使用的另一主要数据库,即中国工业企业数据库,目前也仅更新到2015年,囿于数据可得性,同时在考虑研究主题的情况下,本章将考查期设定为2000—2015年。

对于数据库的使用和匹配,主要处理如下:首先,利用联合国商品贸易统计数据库中世界HS 96层面的产品出口数据计算2000—2015年各年的产品关联度。其次,利用2000—2015年中国海关数据库的数据测度企业层面的产品关联密度,具体步骤为先将中国海关数据库中HS 8位月度数据合并成HS 6位的年度数据,再将企业产品层面各出口国的出口额合并,最终形成企业—产品—年份层面的海关出口数据,在此基础上计算企业—产品层面的关联密度,并对企业—产品层面的关联密度进行标准化再加权平均的方法得到企业层面的产品关联密度。需要说明的是,鉴于被解释变量的层面不同,第五章和第六章采用企业层面的产品关联密度,第七章采用企业—产品层面的产品关联密度。再次,考虑到中国海关数据库与中国工业企业数据库匹配的问题,先剔除缺失企业名称、企业邮政编码、电话号码等关键性指标的、从业人数小于8人的、明显不符合会计原则的样本,再对中国海关数据库与中国工业企业数据库的数据按照企业名称进行匹配。最后,鉴于企业创新变量的数据源于国家知识产权局数据库,因此还对国家知识产权局专利申请数据与工业企业数据进行了精确匹配及模糊匹配,最终得到样本数量为413 799个,企业数为101 205家。

二、模型设定

为进一步考查企业层面不同地理范围内产品关联密度对企业创新能力的影响效应,根据前文对企业层面产品关联密度的测算结果,构建如下计量模型进行估计:

$$\ln RD_{ft} = \alpha_0 + \alpha_1 density_{ft}^e + \alpha_2 D_{ft} + \alpha_3 X_{lt} + v_f + v_t + \varepsilon_{flt} \quad (5-1)$$

其中,被解释变量$\ln RD$表示企业创新能力,f表示企业,i表示产品,l表示企业所处行业,t表示年份,α_0为常数项,α_1为企业层面城市内产品关联密度的估计系数,α_2为企业层面控制变量的估计系数,α_3为行业层面控制变量的估计系数。在现有表征企业创新的代理变量中，较多使用新产品产值与专利数量等，但与新产品产值相比，专利数量更能表征企业创新的新颖性本质，即使是国家知识产权局所授权的三类专利中创新程度最低的外观设计专利，其申请授权的要求也是创新性，而且，鉴于专利申请量在时间上无滞后性，更能及时反映企业当前的技术创新水平，因此，本部分在参照庄旭东等做法的基础上，以发明、实用新型及外观设计三类专利申请总数加1后的对数作为代理变量进行衡量，同时为避免因采用专利总数测度企业创新所带来的估计偏差，在稳健性检验部分以发明专利申请数量的自然对数作为企业创新的代理变量进行表征。此外，需要说明的是，考虑到2015年中国工业企业数据与知识产权局专利数据的模糊匹配可能存在的误差对估计结果造成的偏差，在稳健性检验部分还进一步以2000—2014年中国工业企业数据与知识产权局专利数据匹配后的专利总数加1后的自然对数作为代理变量进行了检验。$density_{ft}^{e}$表示企业f加总到企业层面的城市内产品关联密度，值得注意的是，本书典型事实分析和实证分析部分均采用产品关联密度指标表征产品关联。D_{ft}表示可能影响企业创新的企业层面控制变量，主要包括企业规模、企业属性、企业年龄、贸易方式、企业全要素生产率、企业融资约束、企业出口规模，X_{lt}表示企业t年所处行业l的行业竞争变量，v_f和v_t分别表示企业固定效应和年份固定效应，ε_{ft}为误差项。同时，考虑到价格变动带来的影响，本章对所有价值型变量进行了相应的价格平减，并为了消除样本异常值的影响，对所有连续型变量进行了前后1%的缩尾处理。为进一步减少异方差和自相关等对估计结果的影响，本部分的所有回归都在企业层面进行聚类。关于省内产品关联密度对企业创新影响效应的计量模型，除核心解释变量——产品关联密度不同之外，其他控制变量和固定效应的控制均与式（5-1）一致，不再赘述。

三、变量选取及测度

（一）产品关联密度

产品关联密度作为本章的核心解释变量，以企业层面不同地理范围内的产品关联密度表征，即企业层面的城市内产品关联密度（$density_{ft}^{e}$）和省内产品关联密度（$density_{ft}^{ep}$），其中，企业层面加总后的城市内产品关联密度的计算公式即第三章中的式（3-7）。企业层面省内产品关联密度的计算类似，差别仅在于公式中分子包含的比较优势产品的地理范围不同。

（二）控制变量

控制变量的度量具体如下：①企业规模（ln *labor*），采用企业年平均就业人数予以表征；②企业属性（*type1*）为虚拟变量，当企业为外资企业时，其企业属性变量取值为 1，否则为 0；③企业年龄（ln *age*），采用企业当期年份减去企业开业年份表征；④贸易方式（*tradetype1*），以虚拟变量进行表征，当为一般贸易企业时，其取值为 1，否则取值为 0；⑤企业全要素生产率（*tfp*），考虑到中国工业企业数据库中 2008—2013 年间工业增加值等关键数据的缺失，因此，以估计式 $tfp=\ln(y/w)-s\ln(b/w)$ 对企业全要素生产率进行测算；⑥企业资金约束（*constrki*），以企业流动资产减去企业流动负债后的差额占企业总资产的比值来进行测度；⑦企业资本密集度（*intensity*），以企业固定资产总额与企业年均就业人数的比值的自然对数进行测度；⑧企业出口规模（ln *export*），采用企业出口交货值表示；⑨X_{lt} 表示企业所处行业的行业竞争变量（*HHI*），本书采用通常使用的赫芬达尔指数来度量行业层面的市场竞争程度。除各地理范围内的产品关联密度、企业属性、贸易方式、企业全要素生产率、企业融资约束与行业竞争变量外，其他变量均取对数处理。

（三）各变量的描述性统计

表 5-1 给出了主要变量的描述性统计结果。可以发现，样本中专利总数的平均值为 0.298，而发明专利数的平均值只有 0.101，说明在样本期内，我国企业的实用新型专利及外观设计专利所占比重较大，约为 2/3，因此使用专利总数表征我国企业的创新能力有一定的现实意义，同时，使用专利总数及发明专利数表征企业创新能力时，其最大值分别为 3.555 与 2.303，但其最小值均为 0，而且其内部的标准差均较大，特别是专利总数，因此，本章在进行分析时均对其采取了加 1 并取对数进行处理。省内产品关联密度与城市内产品关联密度的平均值分别为 0.572 与 0.438，同时城市内产品关联密度的标准差要略大于省内产品关联密度。从其他变量的平均值与标准差来看，企业层面及行业层面的个体间内部浮动也较大。

表 5-1　各变量的描述性统计

变量	样本数量观测值	平均值	标准差	最小值	最大值
专利总数（$\ln RD$）	413 799	0.298	0.764	0	3.555
发明专利数（$\ln RD1$）	413 799	0.101	0.384	0	2.303
城市内产品关联密度（$density_{ft}^{cp}$）	413 799	0.438	0.211	0.033	0.927
省内产品关联密度（$density_{ft}^{ep}$）	413 799	0.572	0.202	0.153	1
企业规模（$\ln labor$）	413 799	5.512	1.051	3.045	8.314
外资企业（$type1$）	413 799	0.359	0.480	0	1
企业年龄（$\ln age$）	413 799	2.266	0.578	0.693	3.912
企业全要素生产率（tfp）	413 799	4.363	0.849	2.408	6.708
一般贸易（$tradetype1$）	413 799	0.613	0.487	0	1
企业资本密集度（$intensity$）	413 799	3.447	1.334	0.068 3	6.694
企业资金约束（$constrki$）	413 799	0.051	0.408	−1.774	0.782
企业出口规模（$\ln export$）	413 799	8.124	4.121	0	13.78
行业竞争变量（HHI）	413 799	0.014 4	0.020 5	0.000 9	0.129

第二节　实证结果与分析

基准回归分析结果如表 5-2 所示，第（1）至（2）列为城市内产品关联密度对企业创新影响效应的回归结果，第（3）至（4）列为省内产品关联密度的回归结果；其中第（1）与（3）列为未添加控制变量的结果，第（2）与（4）列添加了企业层面与行业层面的控制变量；另外，各列均控制了企业固定效应和年份固定效应。第（1）与（3）列的结果显示，在未添加任何控制变量的情况下，城市内产品关联与省内产品关联每上升 1%，表征企业创新的专利总量将分别上升 0.109% 与 0.278%，且后者大于前者。在第（2）与（4）列控制了企业层面控制变量及行业层面控制变量之后，二者的估计系数在 1% 的置信水平显著为正，具体表现为当城市内产品关联与省内产品关联每提高 1%，二者的估计系数在 1% 置信水平上分别为 0.072 9% 和 0.227%，仍然都表现为促进作用。对此可能的解释在于，不同地理范围内的合作伙伴在知识技术方面往往表现为不同的范式，因而可能提供多样化的知识基础，从而使得关联企业可以获得更多的学习机会，其获取的知识溢出也越多，其创新表现也越好。[1] 综上所述，不同地理范围内的产品关联密度对我国企业创新能力均产生了显著的正向影响，这一定程度上说明了企业生产的产品与城市范围内以及省份范围内具有比较优势产品之间的平均关联程度越高，企业的创新能力将会越高。此结论较好地验证了上文的理论假说 H3-1。

此外，表 5-2 中其他控制变量的回归结果也基本符合研究预期。其中，企业全要素生产率对企业创新的回归系数显著为正，说明企业生产率对企业创新的重要作用。规模与企业资金约束代理变量的回归系数显著为正，说明企业规模越大，资金约束越小，企业流动性越好，抗风险能力越强，创新能力也越强。企业出口规模的影响系数显著为正，说明出口规模有助于提升企业创新能力。企业年龄反而阻碍了企业创新，可能的解释在于新生企业经营方式更灵活，创新意识更强，更易于接受新知识，更有助于激发新企业的创新活动。外资企业在技术水平、人力资本水平、生产率等方面更具优势，且技术吸收能力也更强，因而更有利于技术创新。行业竞争变量的影响系数显著为负，表明行业内的过度市场竞争，有碍所处行业内的企业创新。

表 5-2　产品关联与制造业企业创新的回归结果

变量	（1）	（2）	（3）	（4）
城市内产品关联密度	0.109***（0.020 2）	0.072 9***（0.020 0）		
省内产品关联密度			0.278***（0.020 8）	0.227***（0.020 6）
企业规模		0.106***（0.003 7）		0.105***（0.003 7）
外资企业		0.011 1**（0.004 7）		0.010 8**（0.004 6）

---

[1] MAIETTA O W. Determinants of university-firm R&D collaboration and its impact on innovation: a perspective from a low-tech industry[J]. Research policy, 2015, 44(7): 1341-1359.

表 5-2（续）

变量	(1)	(2)	(3)	(4)
企业年龄		-0.047 7***（0.006 4）		-0.047 5***（0.006 4）
企业全要素生产率		0.049 2***（0.002 6）		0.049 4***（0.002 6）
一般贸易		-0.040 2***（0.003 7）		-0.035 5***（0.003 7）
企业资本密集度		0.057 6***（0.002 3）		0.056 5***（0.002 3）
企业资金约束		0.022 3***（0.004 7）		0.022 2***（0.004 7）
企业出口规模		0.002 5***（0.000 4）		0.002 5***（0.000 4）
行业竞争程度		-0.480***（0.099 6）		-0.482***（0.099 6）
常数项	0.252***（0.008 9）	-0.617***（0.033 5）	0.141***（0.011 9）	-0.709***（0.034 8）
企业固定效应	是	是	是	是
年份固定效应	是	是	是	是
样本数量观测值	389 655	389 655	389 655	389 655
R^2	0.619	0.621	0.619	0.622

注：*、** 及 *** 分别表示在 10%、5% 和 1% 的水平上显著，括号内的数值为稳健标准误，下同。另外，需要说明的是，由于采用 reghdfe 回归估计，系统已自动剔除了 24 144 个样本，导致描述性统计结果的样本数量与回归估计样本数量不一致。

第三节 稳健性检验

一、改变产品关联密度的计算方法

为进一步检验基准回归结果的稳健性,本部分改变核心解释变量的计算方法,以 2000 年的产品关联度为基础,重新测算样本期内的城市内产品关联密度与省内产品关联密度,并放入基准模型式(5-1)中重新进行估计,其估计结果如表 5-3 中的第(1)与(2)列所示。由结果可知,采用 2000 年产品关联度测算得到的不同地理范围内的产品关联密度对企业创新影响效应的估计系数在 1% 条件上显著为正,结果与基准回归估计基本一致。

表 5-3 稳健性检验 1

变量	改变产品关联密度的计算方法		改变企业创新的代理变量		改变估计区间	
	(1)	(2)	(3)	(4)	(5)	(6)
城市内产品关联密度	0.0920*** (0.0212)		0.0235*** (0.0107)		0.0789*** (0.0210)	
省内产品关联密度		0.292*** (0.0220)		0.0586*** (0.0105)		0.242*** (0.0219)
企业固定效应	是	是	是	是	是	是
年份固定效应	是	是	是	是	是	是
常数项	-0.624*** (0.0335)	-0.739*** (0.0349)	-0.206*** (0.0165)	-0.228*** (0.0171)	-0.603*** (0.0337)	-0.701*** (0.0352)
样本数量观测值	389 655	389 655	389 655	389 655	366 241	366 241
R^2	0.621	0.622	0.582	0.582	0.633	0.633

二、改变企业创新的代理变量

基准回归部分以专利总数作为企业创新的代理变量,主要是从创新数量的角度考查企业的创新水平,但企业创新能力的评价也可从专利质量方面进行分析,鉴于此,本部分以技术含量最高的发明专利作为企业创新的代理变量进行稳健性检验。其估计结果如表5-3第(3)与(4)列所示。可以发现,城市内产品关联密度与省内产品关联密度对企业创新的影响系数在1%置信水平上依然显著为正,与基准回归结果基本一致,本部分的结论通过了稳健性检验。

三、改变估计区间

鉴于2015年中国工业企业数据与知识产权局专利数据的模糊匹配可能存在的误差对估计结果造成的偏差,在稳健性部分还进一步通过剔除2015年专利匹配数据,即以2000—2014年中国工业企业数据与知识产权局专利数据匹配后的专利总数加1后的自然对数作为代理变量进行检验。估计结果如表5-3第(5)与(6)列所示。由估计结果可知,改变估计区间后,企业层面不同地理范围内的产品关联密度在1%水平上显著促进了企业创新能力的提升,其估计结果与基准回归结果基本一致,这说明基准回归部分的研究结论是可信的。

四、改变估计方法

考虑到研发创新变量多具有离散性强、零值堆积及正值连续分布同时存在等分布特征,采用OLS模型进行估计可能造成模型扰动项不服从关键假设条件,进而影响估计结果,因此,本部分替换基准回归的估计方法,采用Probit模型重新进行估计。结果如表5-4中的第(1)与(2)列所示,在控制了企业固定效应和年份固定效应后,不同地理范围内的产品关联密度对企业创新能力的影响系数在1%的置信水平上依然显著为正,这一稳健性检验结果与基准回归结果基本一致,说明在重新采用Probit估计模型后,基准回归结论依然成立。

表 5-4　稳健性检验 2

变量	改变估计方法		采用工具变量法估计	
	(1)	(2)	(3)	(4)
城市内产品关联密度	0.265***（0.012 9）		0.076 1***（0.021 3）	
省内产品关联密度		0.300***（0.013 6）		0.266***（0.022 8）
Kleibergen-Paap rk LM			10 000***（0.000）	25 000***（0.000）
Kleibergen-Paap rk Wald F			740 000	600 000
企业固定效应	是	是	是	是
年份固定效应	是	是	是	是
常数项	−5.163***（0.209）	−5.266***（0.207）		
样本数量观测值	413 544	413 544	389 655	389 655
R^2			0.007	0.007

五、考虑内生性问题

基准回归部分可能还存在以下内生性问题。一是不同地理范围内的产品关联密度与企业创新之间可能存在双向因果关系。例如，企业出口产品与其他企业的产品关联程度越高，则越容易吸收其他企业的知识溢出，从而更能推动企业的技术进步和区域创新能力提高，但同时企业创新能力的增强又可能促进相关企业在一定地域范围内的集聚。二是遗漏变量的影响，如企业家精神是影响企业创新的重要变量[①]，但是本书所使用的企业数据库却无此相关变量。三是测量误差问题等。为此，可分别采用城市−3 位数行业层面平均产品关联程度与省份层面−3 位数行业层面平均产品关联程度作为城市内产品关联密度与省内产品关联密度的工具变量，以期更准确地估计不同地理范围内的产品关联密度对企业创新的影响。

工具变量的选取须同时满足两个条件：其一，要与内生解释变量存在较强的相关性；其二，须满足外生性要求。首先就城市—行业层面平均产品关联而言，

---

① 彭花，贺正楚，张雪琳.企业家精神和工匠精神对企业创新绩效的影响[J].中国软科学，2022（3）：112-123.

企业的城市内产品关联显然与其所在的城市—行业层面的平均产品关联紧密相关，但企业的创新能力很难反过来影响该企业所在城市和行业层面的平均产品关联；同样，省份—行业层面的平均产品关联与其所在省份—行业的平均产品关联相关，但不必担心企业的创新能力对省份—行业层面的平均产品关联产生影响。工具变量的检验结果如表5-4的第（3）与（4）列所示。第一阶段估计结果显示，两种工具变量均与不同地理范围内的产品关联密度显著正相关，工具变量的相关性条件成立；第二阶段的估计结果显示，两种工具变量法下不同地理范围内的产品关联密度对我国企业创新的影响仍然显著为正，并且，Kleibergen-Paap rk LM 和 Kleibergen-Paap rk Wald F 结果显示在1%水平上拒绝了工具变量识别不足及弱识别的原假设，这表明以上两种工具变量均有效。采用两阶段最小二乘法考虑内生性问题后，结果依然稳健。

第四节 异质性检验分析

考虑到基准回归结果显示企业层面省内产品关联密度对企业创新能力的影响效应相对较大，而且企业层面不同地理范围内产品关联密度对企业创新能力的影响机理基本一致，同时为了节省篇幅，异质性分析及机制分析部分仅报告省内产品关联密度对制造业企业创新能力的影响结果。[①] 本部分将按照不同所有制企业、不同企业所在地区及不同企业技术水平进行样本分类，考查企业层面省内产品关联密度对我国制造业企业创新能力的异质性影响。

一、不同所有制

不同所有制的企业在产权性质、激励机制、融资约束等方面存在差异，导致产品关联对不同所有制企业的创新产出可能存在不同的影响。因此本部分将样本分为外资企业和内资企业两类进行异质性检验，表5-5中第（1）与（2）列分别展示了外资企业与内资企业子样本组的分组回归结果。

---

① 企业层面城市内产品关联密度的异质性与机制分析结果备索。

可以发现，企业层面省内产品关联密度对不同所有制企业创新能力的影响系数均显著为正，为了严格比较两类样本估计系数的差异，本部分在分组检验后进行了邹至庄检验（Chow test），结果显示交乘项系数的 P 值在统计意义上非常显著，这意味着省内产品关联密度对内资企业的创新效应更为显著。可能的解释在于，内资企业多从事一般贸易，参加产品出口的所有增值环节，同时在生产过程中还需与省内其他企业进行较多互动，因此，与外资企业相比，其与省内企业的联系更多，对省内企业产品关联密度的依赖程度更高。另外，外资企业与国外母公司或者其他国外关联企业的联系更紧密，因而对所处省内企业的产品关联密度的依赖程度较低。综上，省内产品关联密度对内资企业的企业创新能力的影响更大。

表 5-5 异质性检验结果

变量	不同所有制企业		不同地区企业		不同企业技术水平	
	外资企业	内资企业	东部企业	中西部企业	高技术企业	中低技术企业
	(1)	(2)	(3)	(4)	(5)	(6)
省内产品关联密度	0.164*** (0.032 5)	0.218*** (0.027 6)	0.225*** (0.021 3)	0.152* (0.085 6)	0.095 5 (0.073 9)	0.238*** (0.021 5)
常数项	-0.833*** (0.079 3)	-0.520*** (0.040 1)	-0.748*** (0.036 1)	-0.035 0 (0.137)	-1.011*** (0.139)	-0.664*** (0.035 7)
企业固定效应	是	是	是	是	是	是
年份固定效应	是	是	是	是	是	是
邹至庄（Chow test）检验结果（P 值）	0.136*** (0.013 5)		-0.122 (0.076 7)			
样本数量观测值	127 035	246 060	362 210	27 445	39 701	346 360
R^2	0.670	0.657	0.612	0.693	0.684	0.620

二、不同地区

本部分将企业按照所在地域划分为东部企业和中西部企业样本进行异质性检验。结果如表 5-5 所示。第（3）与（4）列展示了东部企业和中西部企业的省内产品关联密度对企业创新能力的影响结果。由结果可以发现，省内产品关联密度对东部及中西部地区的企业的创新效应虽然均显著为正，但邹至庄检验的结果显

示交乘项系数的 P 值在统计意义上不显著，说明不同地区企业分类下省内产品关联密度的估计系数没有明显差异，这意味着省内产品关联密度有助于提高东部地区企业与中西部地区企业的创新能力，并且影响程度没有差异。

对此的解释可能在于：一方面，东部地区出口企业空间集聚程度更高，大量关联企业聚集在同一地区有助于增强企业持续学习与技术创新能力；另一方面，中西部地区企业由于整体技术发展水平较低，难以从相邻区域企业获得较多的知识溢出和技术提升，而省份范围内产品关联的不断渗透和改造使得中西部企业能有效突破地理和行业间的限制，能大幅提高企业的创新能力和创新效率，再加上西部地区企业整体技术发展水平基数相对较低，因而省份范围内的产品关联对其创新活动的促进作用较为显著。

三、不同技术水平

鉴于不同技术行业对企业创新可能存在的异质性影响，本部分依据国家统计局《高技术产业（制造业）分类（2013）》将样本按照企业所属行业分为高技术企业与中低技术企业两类，结果如表5-5第（5）与（6）列所示。可以发现，在省份范围内的产品关联密度分类下，省内产品关联密度对高技术企业的创新效应不显著，但对于中低技术企业则不同，其对中低技术企业的影响系数在1%的置信水平上均显著为正。原因可能是，对于中低技术企业，其技术水平、人力资本水平、生产率均存在劣势，一般属于溢出效应的客体，吸收相互关联企业的溢出效应非常可观，并且，技术较低的企业对显性知识的要求更大，显性知识可通过编码方式传播，也更易被人们学习，因而其空间溢出效应更为显著[①]，因此，中低技术产品的产品关联密度系数显著为正。但是，对于高技术企业而言，它一般属于溢出效应的主体，并且由于高技术行业内知识产权的严格保护等原因，其难以从其他企业获取有效的溢出效应，无益于其创新水平的提升，加之技术水平较高的企业往往对隐性知识的需求更多，但隐性知识的共享与传播只能在近距离内通过正式或非正式的交流来实现，因而高技术企业的产品关联密度对其创新能力的作用不显著。

---

① 程中华，刘军. 产业集聚、空间溢出与制造业创新——基于中国城市数据的空间计量分析 [J]. 山西财经大学学报，2015，37（4）：34-44.

第五节 作用机制检验

基准回归部分的研究结果表明，企业层面不同地理范围内产品关联密度对我国制造业企业创新能力贡献显著，那么这种提升效应是通过何种渠道实现的呢？前文的机理分析指出不同地理范围内产品关联主要通过学习效应与人力资本提升效应影响我国制造业企业创新驱动。因此，本部分将进一步借助机制检验的思路，验证省内产品关联密度对我国制造业企业创新驱动的作用路径。

一、创新学习效应

为检验创新学习效应对企业创新绩效的影响机制，本部分基于省内产品关联视角进行了考查。首先，以企业无形资产占总资产的比重来测度企业的学习效应。其次，采用2000—2015年中国工业企业数据库与同期的知识产权局专利申请数据进行匹配，从而计算出样本期内我国制造业企业的创新绩效；在此基础上，先考查企业层面省内产品关联密度对企业学习效应的影响，并构建如下计量模型：

$$learning_{ft} = T_0 + T_1 density_{ft}^{ep} + v_f + v_t + \varepsilon_{ft} \tag{5-2}$$

其次，为验证创新学习效应对企业创新绩效的影响，设立计量模型如下。

$$\ln RD_{ft} = \xi_0 + \xi_1 density_{ft}^{ep} + \xi_2 learning_{ft} + v_f + v_t + \varepsilon_{ft} \tag{5-3}$$

其中，$learning_{ft}$ 为企业的创新学习效应，T_0 为常数项，T_1 为企业层面省内产品关联密度的估计系数，$density_{ft}^{ep}$ 为企业层面省内产品关联密度，ζ_0 为常数项，ζ_1 为企业层面省内产品关联密度的估计系数，ζ_2 为企业创新学习效应的估计系数。式（5-3）中的 $\ln RD_{ft}$ 表示企业创新驱动的代理变量。表5-6第（1）列的检验结果显示，企业省内产品关联密度的创新学习效应在1%的置信水平上显著为正，这意味着当省内产品关联程度提高时，企业从其所在省份其他企业所获得的创新学习效应就越显著。同时，表5-6第（2）列的结果同样显示出中介变量——创新学习效应对于企业创新的显著正向提升作用，而且企业的学习效应能够显著提高企业创新和研发的可能性[①][②]，因此，假说 H3-2 成立，即创新学习效应对于我国制造业企业创新驱动的中介效应成立[③]。

表 5-6　机制检验结果

变量	创新学习效应		人力资本提升效应	
	(1)	(2)	(3)	(4)
省内产品关联密度	0.012 0*** (0.003 0)		0.035 2** (0.017 6)	
创新学习效应		0.087 0*** (0.014 9)		
人力资本提升效应				0.056 8*** (0.003 8)
常数项	0.044 0*** (0.001 7)	0.301*** (0.000 8)	2.813***(0.010 0)	0.188***(0.010 6)
样本数量观测值	367 660	367 660	282 086	282 086
R^2	0.525	0.649	0.743	0.668

注：每列均控制了企业与年份固定效应，并在企业层面进行聚类。

二、人力资本提升效应

考虑到本书的目的及数据可得性，可以企业人均工资水平的自然对数作为人力资本提升的代理变量，其中，企业人均工资使用应付职工薪酬/员工人数计算得出。同时为减少价格因素的扰动，使用 2000—2019 年的价格指数对企业工资总数进行了价格平减，另外，由于中国工业企业数据库中缺少 2008—2010 年企业应付工资总额的相关数据，因此，本部分的考查样本期为 2000—2007 年以及 2011—2015 年。在上述基础上，首先构建式（5-4），验证省内产品关联密度对人力资本提升的影响。具体计量模型如下：

$$graduate_{fit} = Y_0 + Y_1 density_{fit}^{ep} + v_f + v_t + \varepsilon_{flt} \qquad (5\text{-}4)$$

其次，在式（5-4）的基础上，构建式（5-5）验证人力资本提升对于企业创新绩效的影响。

---

① SMITH V, MADSEN E S, DILLING-HANSEN M. Do R&D investments affect export performance?[J]. CIE discussion papers, 2002, 12: 1-14.
② 亢梅玲,陈安筠,李涛. 出口学习效应与企业创新[J]. 研究与发展管理,2016（2）：23-32.
③ 企业层面城市内产品关联密度的机制分析结果备索。

$$\ln RD_{ft}=\varLambda_0+\varLambda_1\,density_{ft}^{ep}+\varLambda_2 graduate_{ft}+v_f+v_t+\varepsilon_{ft} \qquad (5\text{-}5)$$

其中，式（5-4）中的 $graduate_{ft}$ 为企业层面的人力资本水平，Y_0 为常数项，Y_1 为企业层面省内产品关联密度的估计系数，$density_{ft}^{ep}$ 为企业层面的省内产品关联密度。式（5-5）中的 $\ln RD_{ft}$ 表示企业创新驱动代理变量，$\varLambda_0$ 为常数项，$\varLambda_1$ 为企业层面省内产品关联密度的估计系数，$\varLambda_2$ 为企业层面人力资本水平的估计系数。表5-6第（3）与（4）列为回归结果。其中，第（3）列的回归结果表明，企业层面省内产品关联程度越大，将越有助于提升企业人力资本水平，创新活动是以人力资本为变量的函数，人力资本是技术进步的关键性因素，对企业创新绩效产生重要影响[1][2]，同时表5-6第（4）列的结果同样说明人力资本提升对于企业创新能力存在显著的促进作用。综上，企业层面省内产品关联密度通过人力资本提升促进了企业创新能力的提高，进一步地，上文的H3-3的假说，即不同地理范围内产品关联通过人力资本提升效应显著助推我国制造业企业的创新能力。[3]

---

[1] NELSON R R, PHELPS E S. Investment in humans, technological diffusion, and economic growth[J]. American economic review, 1966, 56（2）：69-75.

[2] 李天籽，陆铭俊. 城市人力资本与企业创新[J]. 东北师大学报（哲学社会科学版），2022（3）：115-123.

[3] 企业层面城市内产品关联密度的机制分析结果备索。

第六章
产品关联对我国制造业企业效率提高的影响研究

本章将针对产品关联对我国制造业企业生产效率的影响进行探讨，即考查企业层面不同地理范围内的产品关联对企业全要素生产率增长的影响效应。因此，首先在模型设定及变量测度的基础上实证检验企业层面不同地理范围内产品关联对企业全要素生产率的影响；其次，从贸易方式、所属地区及不同产业视角探讨其异质性影响；最后，进一步从技术创新、知识溢出及成本降低方面验证产品关联对我国制造业企业生产效率的作用路径。

第一节　数据与计量模型设定

一、数据来源与处理

本章的数据来源与第五章大体一致，最终得到中国工业企业数据库和中国海关数据库匹配后的样本为331 439个，其中样本企业数量为90 871家。同时还参考了国家知识产权局专利数据库（2000—2015年）。在中国工业企业数据库与中国海关数据库匹配的基础上，添加国家知识产权局专利数据库，并与之进行精确匹配及模糊匹配后得到企业专利申请数量数据，以此检验影响机制。

二、模型设定

依据本章的研究目的——探讨企业层面不同地理范围内的产品关联密度对我国制造业企业生产率的影响,设定下述计量模型进行估计:

$$tfp_{ft} = \beta_0 + \beta_1 density^e_{ft} + \beta_2 D_{ft} + \beta_3 X_{lt} + v_f + v_t + \varepsilon_{flt} \quad (6-1)$$

其中,tfp_{ft} 为被解释变量,代表 f 企业在 t 年的全要素生产率,下标中的 f 表示企业,t 为年份,β_0 为常数项,β_1 为企业层面城市内产品关联密度的估计系数,β_2 为企业层面控制变量的估计系数;$density^e_{ft}$ 是本章的核心解释变量,即企业层面的城市内产品关联密度,表征城市内产品关联密度;D_{ft} 与 X_{lt} 分别表示可能影响我国制造业企业全要素生产率的企业层面与行业层面的控制变量,其中 l 表示企业所处行业;v_f 和 v_t 分别指代企业固定效应和年份固定效应,ε_{flt} 表示误差项。同时,为了消除样本异常值带来的影响,本部分对所有连续型变量进行前后 1% 的缩尾处理。此外,为了减少异方差和自相关等对估计结果的影响,本部分的所有回归都在企业层面进行了聚类。关于企业层面省内产品关联密度对企业全要素生产率影响的计量模型除核心解释变量——产品关联密度的计算不同之外,其他控制变量与固定效应的控制与式(6-1)均一致。

三、变量测度及说明

(一)被解释变量

本章的被解释变量为企业全要素生产率,它的测度方法较多,目前多采用 LP 法和 OP 法进行测算。本书的考查期设定为 2000—2015 年,鉴于采用上述方法测算样本期内企业全要素生产率的关键变量数据缺失,因此,采用方程 $tfp=\ln(y/w)-s\ln(b/w)$ 对企业全要素生产率进行计算。同时,为使研究结论更具严谨性,稳健性检验部分使用 LP 法计算企业全要素生产率,并且考虑到 2008—2009 年、2014—2015 年的工业增加值与中间投入关键变量数据缺失,因此,稳健性检验部分仅使用 2000—2007 年、2010—2013 年的数据测算企业全要素生产率。

(二)核心解释变量

本部分的核心解释变量为产品关联,以企业层面不同地理范围内的产品关联密度作为表征,即企业层面城市内产品关联密度($density_{ft}^{e}$)和省内产品关联密度($density_{ft}^{ep}$),其主要测算办法与前文一致。

(三)其他控制变量

其他控制变量有:①企业规模($\ln labor$);②企业年龄($\ln age$);③外资企业虚拟变量($typel$);④一般贸易企业虚拟变量($tradetypel$);⑤企业资本密集度($intensity$);⑥企业资金约束($constrki$);⑦企业出口规模($\ln export$);⑧行业竞争程度(HHI)。由于以上控制变量的测算方法与第五章一致,因此本部分不再说明。

表6-1汇报了相关变量的描述性统计结果。从中可以发现,企业层面城市内产品关联密度的平均值小于省内产品关联密度的平均值,企业的全要素生产率平均值为4.301,但其标准差为0.844,而且最大值与最小值相差4.386,说明样本期间我国规模以上企业间的生产效率相差较大。此外,从其他控制变量的结果来看,外资企业及一般贸易企业的平均值都较为接近,而不同企业间出口规模,最大值为13.76,最小值为0,其标准差高达3.986,说明不同企业间企业出口能力存在显著的差异性。

表6-1 各变量的描述性统计

变量	样本数量观测值	平均值	标准差	最大值	最小值
企业全要素生产率(tfp_{ft})	331 439	4.301	0.844	6.741	2.355
城市内产品关联密度($density_{ft}^{e}$)	331 439	0.438	0.211	0.929	0.032 8
省内产品关联密度($density_{ft}^{ep}$)	331 439	0.574	0.203	1.000	0.153
企业规模($\ln labor$)	331 439	5.510	1.039	8.297	3.045
企业年龄($\ln age$)	331 439	2.126	0.655	3.829	0
外资企业($typel$)	331 439	0.475	0.499	1	0
一般贸易企业($tradetypel$)	331 439	0.622	0.485	1	0
企业资本密集度($intensity$)	331 439	3.438	1.329	6.701	0.059 8
企业资金约束($constrki$)	331 439	0.064 7	0.386	0.788	−1.710
企业出口规模($\ln export$)	331 439	8.298	3.986	13.76	0
行业竞争程度(HHI)	331 439	0.015 5	0.022 0	0.135	0.001 0

第二节 实证结果与分析

表 6-2 汇报了利用基准回归模型式（6-1）考查企业层面不同地理范围内产品关联密度对我国制造业企业全要素生产率的估计结果，各列均对企业固定效应及年份固定效应进行了控制，并在企业层面聚类。其中，第（1）至（2）列为企业层面城市内产品关联密度对企业全要素生产率影响的回归结果，第（3）至（4）列为企业层面省内产品关联密度的回归结果。第（1）与（3）列未加入任何控制变量，在仅控制企业及年份固定效应的情况下，$density_{fi}^{e}$ 及 $density_{fi}^{ep}$ 的估计系数在 1% 的水平上均显著为正，这初步显示出企业层面不同地理范围内产品关联密度有助于我国制造业企业全要素生产率的提升；第（2）与（4）列添加了包括企业规模、企业年龄、外资企业、一般贸易企业、企业资本密集度、企业资金约束、企业出口规模及行业竞争程度等控制变量，结果 $density_{fi}^{e}$ 与 $density_{fi}^{ep}$ 在 1% 条件下仍然显著为正。这说明无论是否添加控制变量，企业层面不同地理范围内产品关联密度对我国制造业企业生产效率均表现为显著的正向提升效应。以上结果表明，本部分不能从统计上拒绝假说 H3-4。这可能是由于，一方面产品关联的企业之间的地理邻近有助于企业之间技术的交流及知识的获取，推动企业创新的发展，继而有利于企业生产效率的提高，尤其在技术关联性基础上地理邻近更是如此；另一方面，聚集在一定地理范围内的企业，由于更毗邻中间品市场、劳动力市场及消费市场等，因而可以有效降低各类成本和获得规模经济，从而促进企业生产效率的提高。因此，不同地理范围内产品关联有助于推动我国制造业企业的效率提高。

此外，表 6-2 其他控制变量的回归结果也基本符合既有关于企业生产率研究的结论。

由于企业规模的扩大更有可能使其发挥企业规模经济效应，当企业资本投资增加时，反而会减少研发投入对生产效率的提升作用[1]，因此企业规模的影响系

---

[1] 孙晓华，王昀. 企业规模对生产率及其差异的影响——来自工业企业微观数据的实证研究[J]. 中国工业经济，2014（5）：57-69.

数为负。企业存续年限的估计系数显著为正，可能是由于存续时间较长的老企业积累的知识更多、技术经验更丰富，同时在市场竞争和利润获取上更具优势，使其具备更佳的创新基础[①]，因此生产率更高。外资企业通常比本土企业掌握更多样的知识和更为优质的中间投入，其本身的技术水平及生产效率更高。一般贸易企业可以获得更高的利润及经营自主权[②]，为了产生持续的竞争优势，往往会通过加大技术创新来促进其生产效率的提高，因而一般贸易的影响系数为正。企业资金约束采用企业流动性指标表征，当该指标越大，意味着企业资金流动性越好，越能加大对技术创新的投入，从而促进企业全要素生产率的提高，这一结论也可从第五章基准回归结果得到证实。企业出口有助于企业通过出口学习效应促进其全要素生产率的提高[③]，因此企业出口规模系数为正。

表6-2　产品关联与制造业企业全要素生产率的回归结果

变量	(1)	(2)	(3)	(4)
城市内产品关联密度	0.106*** (0.0197)	0.141*** (0.0192)		
省内产品关联密度			0.0806*** (0.0195)	0.121*** (0.0189)
企业规模		-0.173** (0.0043)		-0.173*** (0.0043)
企业年龄		0.0258*** (0.0051)		0.0260*** (0.0051)
外资企业		0.0102** (0.0049)		0.0095* (0.0049)
一般贸易企业		0.0278*** (0.0044)		0.0284*** (0.0044)
企业资本密集度		-0.0009 (0.0025)		-0.0012 (0.0025)
企业资金约束		0.0711*** (0.0053)		0.0712*** (0.0053)
企业出口规模		0.0066*** (0.0005)		0.0066*** (0.0005)

---

① 王华，赖明勇，柒江艺．国际技术转移、异质性与中国企业技术创新研究[J]．管理世界，2010（12）：131-142．
② 尹翔硕，陈陶然．不同贸易方式出口企业的生产率与利润——基于异质性企业理论的微观实证分析[J]．世界经济文汇，2015（4）：44-60．
③ 张杰，李勇，刘志彪．出口促进中国企业生产率提高吗？——来自中国本土制造业企业的经验证据：1999～2003[J]．管理世界，2009（12）：11-26．

表 6-2（续）

变量	（1）	（2）	（3）	（4）
行业竞争程度		−0.109 （0.086 5）		−0.105 （0.086 5）
常数项	4.246*** （0.008 7）	5.054*** （0.030 4）	4.246*** （0.011 2）	5.048*** （0.031 2）
企业固定效应	是	是	是	是
年份固定效应	是	是	是	是
样本数量观测值	306 772	306 772	306 772	306 772
R^2	0.780	0.787	0.780	0.787

注：*、** 及 *** 分别表示在 10%、5% 和 1% 的水平上显著，括号内的数值为稳健标准误，下同。另外，需要说明的是，由于采用 reghdfe 回归估计，系统已自动剔除了 24 667 个样本，导致描述性统计结果的样本数量与回归估计样本数量不一致。

第三节 稳健性检验

一、改变产品关联密度的计算方法

在基准回归部分使用世界各国每年不同的出口数据测算产品关联度，进而在其基础上计算企业层面不同地理范围内的产品关联密度，为了使研究结论更为稳健，稳健性检验以 2000 年的产品关联度为基础测算企业层面不同地理范围内的产品关联密度，在此基础上对式（6-1）进行估计，结果如表 6-3 中的第（1）列与（2）列所示。结果表明，企业层面不同地理范围内的产品关联密度的回归系数均显著为正，基准回归结果具有较好的稳健性。

表 6-3 稳健性检验

变量	改变产品关联密度的计算方法		改变企业全要素生产率的估计方法		考虑内生性问题	
	(1)	(2)	(3)	(4)	(5)	(6)
城市内产品关联密度	0.156*** (0.0205)		0.0987*** (0.0201)		0.145*** (0.0205)	
省内产品关联密度		0.0740*** (0.0203)		0.0552*** (0.0186)		0.117*** (0.0207)
Kleibergen-Paap rk LM					9933.464*** (0.000)	23000*** (0.000)
Kleibergen-Paap rk Wald F					600000	510000
企业固定效应	是	是	是	是	是	是
年份固定效应	是	是	是	是	是	是
常数项	5.050*** (0.0305)	5.075*** (0.0313)	11.45*** (0.0327)	11.46*** (0.0331)		
样本数量观测值	306772	306772	221898	221898	306772	306772
R^2	0.787	0.787	0.901	0.901	0.034	0.034

二、改变企业全要素生产率的估计方法

前文考虑到测算企业全要素生产率的关键变量数据缺失，因此，基准回归部分采用 K.Head 等、许和连等的方法对企业全要素生产率进行了测度，为进一步验证基准回归结果的可靠性，本部分以 LP 法测算企业全要素生产率。同时，需要说明的是，由于 2008—2009 年及 2014—2015 年工业增加值与中间投入关键变量数据缺失，因此，基于 2000—2007 年、2010—2013 年的数据采用 LP 法计算企业全要素生产率，并代入式（6-1）中重新估计，具体结果如表 6-3 第（3）与（4）列所示。可以发现，在对企业层面、行业层面控制变量及企业和年份固定效应进行控制后，企业层面不同地理范围内的产品关联密度对以 LP 法重新测算的企业全要素生产率的估计在 1% 水平上仍然显著为正，这表明基准回归的结论是稳健的。

三、考虑内生性问题

在基准回归中，本章使用 OLS 方法估计了企业层面不同地理范围内的产品关联密度对我国制造业企业生产率的影响效应，为避免由于双向因果关系等内生性问题对估计结果造成的偏误，在此分别选取城市 -3 位数行业层面平均产品关联密度与省份层面 -3 位数行业层面平均产品关联密度作为工具变量进行检验。工具变量的估计结果如表 6-3 第（5）与（6）列所示。第一阶段的估计结果表明，城市 -3 位数行业层面平均产品关联密度与省份层面 -3 位数行业层面平均产品关联密度的估计系数均在 1% 的置信水平上显著为正，说明这两种工具变量分别与企业层面城市内产品关联密度及企业层面省内产品关联密度的相关性条件成立。同时从第二阶段的估计结果来看，两种工具变量法下，企业层面不同地理范围内的产品关联密度对我国企业生产率的影响系数也显著为正。此外，在对工具变量进行有效性检验中，Kleibergen-Paap rk LM 和 Kleibergen-Paap rk Wald F 结果均显示在 1% 的置信水平上拒绝了工具变量识别不足及弱识别的原假设，这说明选取的两个工具变量均有效。因此，在考虑了内生性问题的情况下，企业层面不同地理范围内的产品关联密度对我国制造业企业全要素生产率的促进作用依然有效。

第四节 异质性检验分析

鉴于本部分基准回归结果显示企业层面城市内产品关联密度对企业全要素生产率的影响效应更大，而且企业层面不同地理范围内产品关联密度对企业生产率的影响机理基本一致，为了节省篇幅，异质性分析及机制分析部分仅报告城市内产品关联密度对制造业企业生产率的影响结果。本部分将按照企业贸易方式、企业所在地区及行业进行样本分类，考查企业层面城市内产品关联密度对我国制造业企业生产率的异质性影响。

一、不同贸易方式与地区

首先将企业贸易类型分为一般贸易企业样本和加工贸易企业样本后进行模型估计。估计结果分别汇报于表6-4的第（1）与（2）列。可以看出，在城市地理范围内，企业层面产品关联密度对不同贸易方式下的企业全要素生产率均表现为显著的促进作用，且二者的估计系数基本一致，邹至庄检验结果显示交乘项系数的P值在统计意义上显著。其原因可能在于，一方面，相比于加工贸易企业，一般贸易企业往往参与产品出口的所有增值环节，同时在生产过程中还需要与更多区域内企业进行互动，因而，一般贸易企业对于产品关联的依赖程度更高；另一方面，加工贸易企业多为外资企业，外资企业生产效率一般而言较高，在生产技术、关联能力和知识存量等方面通常比其他企业强，从其他企业获得的溢出相对有限，因而贸易分类下，一般贸易企业城市内产品关联密度对企业出口产品质量的提升作用更为显著。

表6-4　不同贸易方式与地区异质性检验结果

变量	不同贸易方式检验结果		不同地区检验结果	
	一般贸易企业	加工贸易企业	东部地区	中西部地区
	（1）	（2）	（3）	（4）
城市内产品关联密度	0.183*** （0.028 8）	0.179** （0.035 4）	0.149*** （0.020 6）	-0.031 4 （0.052 8）
常数项	5.077*** （0.035 6）	4.497*** （0.064 5）	5.024*** （0.031 3）	5.407*** （0.119）
企业固定效应	是	是	是	是
年份固定效应	是	是	是	是
邹至庄（Chow test）检验结果（P值）	0.244***（0.013 7）			
样本数量观测值	178 907	100 537	285 659	21 111
R^2	0.785	0.868	0.785	0.823

二、不同地区

考虑到不同地区企业的产品关联状况可能对我国制造业企业生产率提升产生

不同的影响,依据企业所在区域,将子样本划分为东部地区与中西部地区进行异质性检验,具体估计结果如表6-4的第(3)与(4)所示。结果显示,城市内产品关联密度仅对东部地区企业的企业生产率有着显著的提升作用,而对中西部地区企业则无显著影响。其可能的解释在于:东部地区企业的技术水平较高,且多以自主创新为主,产品关联对减少企业创新过程中的不确定性、激发企业创新的积极性和提高企业的创新效率的作用较大,因而与中西部地区企业相比,城市内产品关联密度对东部地区企业生产率的促进作用更为显著。

三、不同产业

考虑到不同行业间要素密集度有着较大差异,因此,为进一步明确产品关联对不同要素密集度行业企业的影响,本部分按照行业的要素密集度将其划分为劳动密集型行业、资本密集型行业和技术密集型行业三类样本,在此基础上进行分组估计,三类行业样本的估计结果见表6-5第(1)至(3)列。从中可以看出,城市内产品关联密度对不同行业样本的估计系数均显著为正,但存在较大差异。其中,城市内产品关联密度对资本密集型产业的影响最为显著,技术密集型产业与劳动密集型产业则依次位列其后,并且邹至庄检验的结果显示交乘项系数的P值在统计意义上显著。产生此种现象的原因可能在于:劳动密集型企业相比资本密集型企业和技术密集型企业而言,吸收能力更低,因而从城市范围内吸收的溢出效应更小,城市内产品关联密度对劳动密集型产业的影响最小。

表6-5 不同产业异质性检验结果

变量	分产业		
	劳动密集型产业	资本密集型产业	技术密集型产业
	(1)	(2)	(3)
城市内产品关联密度	0.118***(0.039 5)	0.178***(0.036 2)	0.139***(0.028 3)
常数项	4.936***(0.059 3)	4.957***(0.055 9)	5.151***(0.047 2)
企业固定效应	是	是	是
年份固定效应	是	是	是
邹至庄(Chow test)检验结果(P值)	−0.080 3**(0.035 3)		

表 6-5（续）

变量	分产业		
	劳动密集型产业	资本密集型产业	技术密集型产业
	（1）	（2）	（3）
样本数量观测值	82 951	85 031	132 396
R^2	0.771	0.791	0.797

第五节 作用机制检验

本章基准回归的基本结论是企业层面不同地理范围内的产品关联密度显著促进了企业全要素生产率提高，本部分将设定计量模型，进一步验证前文理论部分关于产品关联提升我国制造业企业全要素生产率的路径分析是否成立。

一、技术创新效应

采用中国工业企业数据库、中国海关数据库与国家知识产权局专利数据库的匹配数据，首先考查企业层面城市内产品关联密度对企业技术创新的影响，采用对企业专利申请总量加 1 取对数的方法表征企业技术创新，设定估计模型如下：

$$patent_{ft} = \theta_0 + \theta_1 density^e_{ft} + v_f + v_t + \varepsilon_{ft} \qquad (6-2)$$

同时，为了进一步验证技术创新对企业全要素生产率的影响效应，构建模型如下：

$$tfp_{ft} = \varphi_0 + \varphi_1 density^e_{ft} + \varphi_2 patent_{ft} + v_f + v_t + \varepsilon_{ft} \qquad (6-3)$$

其中，式（6-2）与式（6-3）中的 $patent_{ft}$ 为企业专利数量总和的自然对数，θ_0 为常数项，θ_1 为企业层面城市内产品关联密度的估计系数，$density^e_{ft}$ 为企业层面城市内产品关联密度式，tfp_{ft} 为企业全要素生产率，φ_0 为常数项，φ_1 为企业层面城市内产品关联密度的估计系数，φ_2 为企业技术创新的估计系数，其他变量的含义与式（6-1）相一致。具体回归结果如表 6-6 第（1）与（2）列所示。可以看出，不仅城市内产品关联密度在 1% 置信条件下显著提升了企业的技术创新，而且技术创新也助推了企业全要素生产率提高。技术创新活动通过优化配置生产要素，显著促进企业全要素生产率的提高。由此可见，城市内产品关联密度通过技术创新作用渠道促进了我国制造业企业全要素生产率的提高，同时也验证了上文 H3-5 的研究假说，即产品关联通过技术创新效应推动了我国制造业企业的效率提高。

表 6-6 机制检验结果

变量	技术创新效应		知识溢出效应		成本效应	
	（1）	（2）	（3）	（4）	（5）	（6）
城市内产品关联密度	0.051 8*** （0.013 0）		0.481** （0.119）		−0.005 6*** （0.001 8）	
技术创新效应		0.045 7*** （0.004 0）				
知识溢出效应				0.017 1*** （0.003 1）		
成本效应						−2.381*** （0.037 4）
常数项	0.084 9*** （0.005 7）	4.300*** （0.000 4）	0.212*** （0.057 2）	4.260*** （0.001 4）	0.689*** （0.000 8）	5.905*** （0.025 7）
样本数量观测值	318 905	318 220	40 652	40 652	243 057	242 437
R^2	0.627	0.782	0.805	0.870	0.682	0.825

注：每列均控制了企业与年份固定效应，并在企业层面进行聚类。

二、知识溢出效应

本部分将进一步检验企业层面城市内产品关联密度对我国制造业企业全要素生产率的作用机制。首先，建立企业受其所在城市其他企业知识溢出的测度指标，测算公式如下：

$$spillover_{fict} = \left[research_{ut} \frac{exp_{icut}}{\sum_{i,c} exp_{ut}} \right] \left[research_{fut} \frac{exp_{ficut}}{\sum_{i,c} exp_{fut}} \right] \frac{1}{region_u} \quad (6-4)$$

其中，$research_{ut}$ 为 u 城市在 t 年的研发支出，$research_{fut}$ 为 f 企业在 t 年的研发支出，exp_{icut} 为 t 年 u 城市 i 产品在 c 市场的出口额，exp_{ficut} 为 t 年 f 企业 i 产品在 c 市场的出口额，而 $\sum_{i,c} exp_{ut}$ 与 $\sum_{i,c} exp_{fut}$ 分别表示 u 城市 t 年的总出口额和 f 企业 t 年的总出口额，$region_u$ 表示 u 城市城区面积。其中，城市研发支出、城区面积

与企业研发数据分别来自历年的《中国城市统计年鉴》与中国工业企业数据库。需要说明的是，由于企业研究开发费用、企业从业人数等数据的缺失，知识溢出影响机制的样本区间为2005—2007年和2010年。在此基础上，首先利用式（6-5）验证企业层面城市内产品关联密度对企业知识溢出的影响：

$$spillover_{ft} = \partial_0 + \partial_1 density_{ft}^e + v_f + v_t + \varepsilon_{ft} \quad (6\text{-}5)$$

其次，为检验企业知识溢出对企业全要素生产率的影响，进一步构建计量模型如下：

$$tfp_{ft} = \sigma_0 + \sigma_1 density_{ft}^e + \sigma_2 spillover_{ft} + v_f + v_t + \varepsilon_{ft} \quad (6\text{-}6)$$

其中，$spillover_{ft}$为企业层面的知识溢出指标，采用出口额比重对企业—产品—目的市场层面的知识溢出指标加权求和而得，∂_0为常数项，∂_1为企业层面城市内产品关联密度的估计系数。$density_{ft}^e$为企业层面城市内产品关联密度，tfp_{ft}为企业全要素生产率，σ_0为常数项，σ_1为企业层面城市内产品关联密度的估计系数，σ_2为企业层面知识溢出的估计系数。表6-6中第（3）列的结果显示，企业层面城市内产品关联程度越紧密，企业受其所在城市其他企业知识溢出的影响就越显著，这说明城市内产品关联密度对企业知识溢出的正向促进作用显著。

同时，表6-6的第（4）列的回归结果表明企业知识溢出效应对企业全要素生产率的提升效应同样显著，因此，城市内产品关联密度提高，企业所获得的知识溢出效应就越大，进而通过促进企业的创新收益和企业竞争提升企业全要素生产率[1][2]，验证了H3-6的研究假说，即知识溢出效应是不同地理范围内产品关联影响我国制造业企业效率提高的重要路径。

三、成本效应

本部分首先参考刘金焕等对成本的测度方法，以企业工资成本＋销售成本＋销售费用＋管理费用的总和与主营业务收入的比重加上1后，再取自然对数进行表征。其次，使用式（6-7）验证企业层面城市内产品关联密度对企业成本的影响，在此基础上，利用式（6-8）进一步检验企业成本机制对企业生产率的影响效应。具体如下：

---

[1] DE BEULE F, VAN BEVEREN I.Does firm agglomeration drive product innovation and renewal? An application for Belgium[J].Tijdschrift voor economische en sociale geografie, 2012, 103（4）：457-472.
[2] 刘金焕,陈丽珍.最低工资标准与企业进口学习效应[J].国际经贸探索,2022,38（1）：21-34.

$$costless_{ft} = \psi_0 + \psi_1 density^e_{ft} + v_f + v_t + \varepsilon_{ft} \qquad (6-7)$$

$$tfp_{ft} = \delta_0 + \delta_1 density^e_{ft} + \delta_2 costless_{ft} + v_f + v_t + \varepsilon_{ft} \qquad (6-8)$$

其中，$costless_{ft}$ 为企业成本机制的代理变量，ψ_0 为常数项，ψ_1 为企业层面城市内产品关联密度的估计系数。$density^e_{ft}$ 为企业层面城市内产品关联密度，tfp_{ft} 为企业全要素生产率，δ_0 为常数项，δ_1 为企业层面城市内产品关联的估计系数，δ_2 为企业成本效应的估计系数。表6-6第（5）列报告了城市内产品关联密度对企业成本降低的影响结果，结果表明，随着企业层面城市内产品关联程度的提高，企业成本随之呈现出显著递减，这意味着城市内产品关联密度对企业成本减少存在显著的促进作用。

此外，表6-6第（6）列的结果表明，企业成本降低效应有助于促进企业全要素生产率的升级，即降低企业生产成本有助于企业创造更多资本，大幅提高企业创新意愿和创新动力，推动企业的科研创新活动开展，从而进一步提高企业全要素生产率。因此，成本效应在产品关联对我国制造业企业生产率的影响中发挥着中介效应，进一步地验证了研究假说H3-7。

第七章
产品关联对我国制造业企业质量提升的影响研究

第六章从城市内产品关联和省内产品关联两个层面考查了产品关联对我国制造业企业效率提高效应,本章将继续探讨不同地理范围内的产品关联对我国制造业企业发展的质量提升效应。

改革开放以来,我国充分利用劳动力成本低等优势,积极参与国际分工和国际经济大循环,通过产业升级不断提升在全球价值链中的地位,逐步成长为"世界工厂"和第一大出口国,然而,我国出口产品的质量总体不高、附加值较低,存在被全球价值链低端锁定的风险。在外部环境更趋复杂严峻的背景下,2020年7月的中央政治局会议进一步指出,加快形成以国内大循环为主体、国内国际双循环相互促进的新发展格局。在此背景下,如何发挥我国庞大、完整且具有较强互补性的产品生产能力,充分利用已积累起来的要素禀赋优势由内及外地促进我国制造业企业出口产品质量升级,是推动质量变革和实现企业高质量发展要考虑的关键问题。

产品关联可反映产品之间进行转换所需生产能力的相似性,它是产品空间理论的核心概念之一,具体而言,它是指一个企业生产的某一产品与其所在地理范围内其他具有比较优势产品之间的平均关联度。如果企业的出口产品与当地企业其他具有比较优势产品之间有较高的关联密度,表明出口企业与当地企业在生产能力方面具有较高的相似性,因此可能获得集群效应带来的外部经济性,使集群内企业得到更多的知识溢出和要素禀赋效应,从而有助于企业出口产品质量升级。不过,虽然产品关联更紧密的企业之间的地理邻近有助于知识和经济资源的共享,位于一定地理范围内的企业可以比其他企业更容易地获取创新所需的投入要素和技术知识,但是由于技术溢出基于认知关联性,产品之间只有在认知距离合适的条件下才能产生有效的技术溢出,因此,产品关联到底如何影响我国制造业企业出口产品质量升级、其影响机制是什么等问题值得探讨。现有文献还未涉及上述领域，基于此，本部分拟从产品空间理论视角研究不同地理范围内的产品关联密度对我国制造业企业出口产品质量的影响及机制。

本章采用出口产品质量表征企业产品质量。基于此，本章将利用多个数据库和中国工业企业数据库对不同地理范围内的产品关联密度和出口产品质量进行测度，通过构建基准模型考查产品关联对我国制造业企业的质量提升效应，同时根据不同企业贸易方式、不同地区及不同产品技术水平进行异质性检验，最后验证产品关联助推我国制造业企业产品质量提升效应。

第一节 数据与计量模型设定

一、数据来源与处理

本章使用的数据与第五章一致。

主要数据处理过程如下。首先，UN-COMTRADE数据库中提供了各国双边进出口交易数据，将考查期内的产品出口数据统一转换成HS 02层面的数据计算各年的产品关联度；其次，对中国海关数据库的数据进行处理，在此基础上分别测度我国制造业企业在企业—产品—目的国层面的出口产品质量和企业—产品层面的产品关联密度，中国工业企业数据库的数据处理以及数据库之间的匹配均与第五章、第六章一致，匹配后的观测值样本共有7 631 721个，其中企业数为91 674家，出口产品为2 244种，出口目的国或经济体数量为274个。

二、模型设定

本章旨在考查不同地理范围内的产品关联对我国制造业企业出口产品质量的影响，设定计量模型（7-1）进行估计：

$$qua_{fict} = \mu_0 + \mu_1 density_{fiut} + \mu_2 D_{ft} + \mu_3 X_{lt} + v_f + v_t + v_{ic} + \varepsilon_{fict} \quad (7-1)$$

其中，qua_{fict}是被解释变量，表示企业f在t年出口到目的国c的出口产品i的质量，其中i为HS 6位码产品；μ_0为常数项；μ_1为城市内产品关联密度的估计系数；μ_2 为企业层面控制变量的估计系数；$density_{fiut}$ 为核心解释变量，表征企业—产品层面的城市内产品关联密度；D_{ft} 表示企业层面控制变量；X_{It} 表示行业层面控制变量；v_f、v_t 和 v_{ic} 分别表示企业固定效应、年份固定效应和产品—目的国固定效应；ε_{fict} 为误差项。同时，由于可能存在异方差和自相关等问题，本部分所有基准回归均在企业层面进行聚类。关于省内产品关联密度对企业出口产品质量影响的计量模型除核心解释变量——省内产品关联密度的计算不同之外，其他控制变量与固定效应的控制均与式（7-1）一致。

三、变量测度及说明

（一）被解释变量

本部分的被解释变量为企业的出口产品质量，其具体的测算过程及公式见第四章的式（4-1）~式（4-4）。

（二）关键解释变量

本部分的关键解释变量为产品关联，具体而言，即城市内产品关联密度（$density_{fiut}$）与省内产品关联密度（$density_{fipt}$），其公式见第三章。

（三）控制变量

企业层面的控制变量主要包括：①企业规模（ln $labor$）；②企业年龄（ln age）；③外资企业（$typel$）；④企业全要素生产率（tfp）；⑤一般贸易企业（$trade$-$typel$）；⑥企业资本密集度（$intensity$）；⑦企业资金约束（$constrki$）；⑧行业竞争程度（HHI）。由于以上控制变量的测算方法与第五章一致，因此本部分不再说明。

四、主要变量的描述性统计

表 7-1 展示了主要变量的描述性统计结果。首先，从利用 OLS 方法测算的企业出口产品质量与稳健性检验中采用工具变量法测算的结果来看，二者在平均值、标准差、最大值及最小值等方面基本一致，这初步显示了本部分企业出口产品质量测算的稳健性。其他变量的描述性结果也一一在表中体现。

表 7-1 各变量的描述性统计

变量	样本数量观测值	平均值	标准差	最大值	最小值
OLS 测度出口产品质量（qua_{fict}）	7 631 721	0.487	0.158	0.847	0.121
工具变量法测度出口产品质量（$qual_{fict}$）	7 631 721	0.484	0.159	0.846	0.118
城市内产品关联密度（$density_{fiut}$）	7 631 721	0.090 0	0.040 2	0.193	0.014 3
省内产品关联密度（$density_{fipt}$）	7 631 721	0.186	0.062 2	0.328	0.069 7
企业规模（$\ln labor$）	7 631 721	6.095	1.245	9.871	3.258
企业年龄（$\ln age$）	7 631 721	2.372	0.538	3.784	1.099
外资企业（$typel$）	7 631 721	0.484	0.500	1	0
企业全要素生产率（tfp）	7 631 721	4.554	0.890	7.253	2.586
一般贸易企业（$tradetypel$）	7 631 721	0.235	0.424	1	0
企业资本密集度（$intensity$）	7 631 721	3.419	1.343	6.956	0.068 3
企业资金约束（$constrki$）	7 631 721	0.038 8	0.442	0.768	−1.886
行业竞争程度（HHI）	7 631 721	0.019 0	0.028 1	0.165	0.000 9

第二节 实证结果与分析

本部分在基准回归模型式（7-1）的基础上考查不同地理范围内的产品关联密度对我国制造业企业出口产品质量的影响，表 7-2 报告了基准回归结果。其中，第（1）与（2）列为城市内产品关联密度对企业出口产品质量影响的估计结果，第（3）与（4）列为省内产品关联密度的估计结果，在第（1）与（3）列中未添加任何控制变量，第（2）与（4）列则加入了企业层面控制变量与行业层面控制变量，此外所有回归均控制了企业固定效应、年份固定效应和产品—目的国固定效应。第（1）与（2）列的结果表明，无论是否加入控制变量，城市内产品关联密度对我国制造业企业出口产品质量均有显著促进作用。第（3）与（4）列的结果显示，在未添加任何控制变量的情况下，省内产品关联密度对企业出口产品质量的估计系数在 1% 的置信水平上显著为正，在加入企业层面及行业层面控制变量后，其估计系数在 1% 的置信水平上仍然显著为正。由此可见，不同地理范围内的产品关联密度对我国制造业企业产品质量有正向提升效应。这可能是由于产品关联更紧密的企业之间地理邻近有助于知识和经济资源的共享，位于一定地理范围内的企业比其他企业更容易获取创新所需的投入要素和技术知识，从而使得该地理范围内的企业获得更多的技术溢出，更充分地利用关联产品的企业集聚所带来的生产要素优势。同时又进一步验证了假说 H3-8，即不同地理范围内产品关联会显著促进了我国制造业企业的产品质量升级。

表 7-2 产品关联与制造业企业出口产品质量的回归结果

变量	（1）	（2）	（3）	（4）
城市内产品关联密度	0.116***（0.012 1）	0.113***（0.012 1）		
省内产品关联密度			0.076 9***（0.008 6）	0.074 0***（0.008 7）
企业规模		0.004 4***（0.000 6）		0.004 4***（0.000 6）
企业年龄		-0.003 4***（0.000 8）		-0.003 4***（0.000 7）
外资企业		0.001 8***（0.000 7）		0.001 7***（0.000 7）
企业生产率		0.003 6***（0.000 4）		0.003 7***（0.000 4）
一般贸易企业		-0.003 7***（0.000 6）		-0.003 5***（0.000 6）
企业资本密集度		0.002 0***（0.000 3）		0.002 0***（0.000 3）
企业资金约束		0.001 7***（0.000 5）		0.001 7***（0.000 5）
行业竞争程度		-0.011 6（0.007 9）		-0.013 2*（0.007 9）
常数项	0.476***（0.001 1）	0.435***（0.004 8）	0.473***（0.001 6）	0.431***（0.004 9）

表 7-2（续）

变量	(1)	(2)	(3)	(4)
企业固定效应	是	是	是	是
年份固定效应	是	是	是	是
产品—目的国固定效应	是	是	是	是
样本数量观测值	7 580 520	7 580 520	7 580 520	7 580 520
R^2	0.341	0.341	0.341	0.341

注：*、** 及 *** 分别表示在 10%、5% 和 1% 的水平上显著，括号内的数值为稳健标准误，所有回归均控制了企业固定效应、年份固定效应以及产品—目的国固定效应，下同。另外，需要说明的是，由于采用 reghdfe 回归估计，系统已自动剔除了 51 201 个样本，导致描述性统计结果的样本数量与回归估计样本数量不一致。

第三节 稳健性检验

一、采用工具变量法计算出口产品质量

在基准回归模型中采用 OLS 方法对企业出口产品质量进行估计，但如果直接使用 OLS 估计可能会因水平差异产品种类和价格内生性问题而导致估计结果偏差。因此，为保证结果的稳健性，首先通过在式（7-3）中添加表示国内市场需求规模的各省份实际 GDP 来减少水平差异产品种类可能造成的影响；同时为进一步控制价格内生性可能导致的问题，采用企业 f 对其他出口目的国出口产品 i 的平均价格作为该企业 f 对 c 国出口产品 i 价格的工具变量，在以上基础上再对式（7-3）进行估计，进而得到标准化处理的企业出口产品质量。估计结果如表 7-3 第（1）与（2）列所示，不同地理范围内的产品关联密度对我国制造业企业出口产品质量的估计系数在 1% 水平上仍然为正，其结果与基准回归基本一

致，基准回归的结论通过了稳健性检验。

表 7-3 稳健性检验

变量	采用工具变量法计算出口产品质量		改变产品关联密度的计算方法		改变聚类层面		采用工具变量法估计	
	（1）	（2）	（3）	（4）	（5）	（6）	（7）	（8）
城市内产品关联密度	0.113***（0.0121）		0.0870***（0.0144）		0.113***（0.0159）		0.225***（0.0259）	
省内产品关联密度		0.0780***（0.0088）		0.0704***（0.0100）		0.074***（0.0073）		0.170***（0.0199）
Kleibergen-Paap rk LM							637.5***（0.000）	1363.5***（0.0000）
Kleibergen-Paap rk Wald F							3021.4	5693.1
样本数量观测值	7580520	7580520	7580520	7580520	7580520	7580520	6210043	6210043
R^2	0.341	0.339	0.341	0.341	0.341	0.341	0.000	0.000

二、改变产品关联密度的计算方法

上文基准回归部分均使用我国各年不同的出口数据测算产品之间的关联度，为进一步考查其研究结论的稳健性，以全球所有国家在 2000 年的出口数据重新测算产品关联度，在此基础上，对不同地理范围内的产品关联密度进行计算，最后检验其对我国企业出口产品质量的影响效应。具体结果如表 7-3 第（3）与（4）列所示。可以发现，采用 2000 年关联度计算的不同地理范围内的产品关联密度的估计系数在 1% 水平上仍然显著为正，且没有显著变化。

三、改变聚类层面

鉴于本章的核心解释变量为不同地理范围内的产品关联密度，即城市内产品关联密度及省内产品关联密度，为检验本部分基准回归结果的稳健性，进一步在城市内产品关联密度与省内产品关联密度对企业出口产品质量的基准模型中将企业层面的聚类替换为相对应的城市层面聚类与省份层面聚类,并检验其影响效应。结果如表7-3第(5)与(6)列所示。从结果可知,不同地理范围内的产品关联密度对企业出口产品质量的估计系数方向和显著性均未发生实质性改变。

四、考虑内生性问题

考虑到因遗漏变量、双向因果等内生性问题引致的估计结果偏差,同时鉴于工具变量法可以较好地解决遗漏变量、样本选择、双向因果和测量误差等内生性问题,因此,本部分将采用工具变量法进行稳健性检验,选用滞后两期的产品关联密度作为工具变量进行两阶段最小二乘法(2SLS)估计。第一阶段的估计结果显示,城市内产品关联密度与省内产品关联密度的估计系数在1%显著性水平上分别为0.500与0.464,说明各层面滞后二期的产品关联密度与滞后一期的产品关联密度存在较强的相关性。另外,还利用不可识别检验和弱工具变量检验对所选定的工具变量进行有效性检验,Kleibergen-Paap rk LM 和 Kleibergen-Paap rk Wald F 结果均显示在1%水平上拒绝了工具变量识别不足及弱识别的原假设,表明以不同地理范围内滞后两期的产品关联密度作为工具变量是有效的。表7-3第(7)和(8)列的回归结果显示,不同地理范围内的产品关联密度对我国制造业企业出口产品质量的估计结果与基准回归无明显变化,这说明在考虑了内生性问题后,本章的结论依然可信。

第四节 异质性检验分析

鉴于基准回归结果显示城市内产品关联密度对企业出口产品质量的影响效应更大,而且企业层面不同地理范围内产品关联密度对企业出口产品质量的影响机理基本一致,为了节省篇幅,异质性分析及机制分析部分仅报告城市内产品关联密度对制造业企业出口产品质量的影响结果。本部分将按照企业贸易方式、企业所在地区及产品的技术水平进行样本分类,考查城市内产品关联密度对我国制造业企业出口产品质量的异质性影响。

一、不同贸易方式

从事一般贸易与加工贸易的企业在经营方式和生产目标上均存在较大差异，可能导致不同地理范围内的产品关联密度对企业出口产品质量的影响有所不同（但混合贸易企业兼具两种贸易方式的特征，因而分类检验的意义不大）。鉴于此，本部分对一般贸易企业和加工贸易企业两类样本分别进行估计，具体结果如表7-4第（1）和（2）列所示，城市内产品关联密度对两类贸易方式企业的影响系数均显著为正，邹至庄检验结果显示，交乘项系数的 P 值在统计意义上不显著，说明城市内产品关联密度对一般贸易企业与加工贸易企业的出口产品质量的影响几乎无差异。其原因可能在于：一方面，加工贸易往往仅是跨国公司全球生产网络的一环，需依靠当地要素禀赋优势和相关产业的支撑，相对于一般贸易企业，加工贸易企业的出口产品质量更依赖于产品关联密度[1]；但另一方面，加工贸易企业多为外资企业，外资企业生产效率一般较高，在生产技术、关联能力和知识存量等方面通常比其他企业强，从其他企业获得的溢出相对有限[2]，因而两种分类下城市内产品关联密度对企业出口产品质量的提升作用旗鼓相当。

表 7-4 异质性检验结果

变量	不同贸易方式		不同地区		不同产品技术水平	
	一般贸易企业	加工贸易企业	东部地区	中西部地区	高新技术产品	非高新技术产品
	（1）	（2）	（3）	（4）	（5）	（6）
城市内产品关联密度	0.175*** （0.030 1）	0.112*** （0.013 9）	0.121*** （0.012 9）	-0.009 2 （0.020 4）	0.012 4 （0.103）	0.109*** （0.015 9）
常数项	0.442*** （0.005 5）	0.431*** （0.006 9）	0.434*** （0.005 1）	0.448*** （0.016 5）	0.415*** （0.032 4）	0.436*** （0.004 7）
企业固定效应	是	是	是	是	是	是
年份固定效应	是	是	是	是	是	是

---

[1] 孙天阳，许和连，王海成.产品关联、市场邻近与企业出口扩展边际[J].中国工业经济，2018（5）：24-42.
[2] SABIRIANOVA K, SVEJNER J, TERRELL K.Distance to the efficiency frontier and foreign direct investment spillovers[J].Journal of the European economic association, 2005, 3（2/3）：576-586.

表 7-4（续）

变量	不同贸易方式		不同地区		不同产品技术水平	
	一般贸易企业	加工贸易企业	东部地区	中西部地区	高新技术产品	非高新技术产品
	（1）	（2）	（3）	（4）	（5）	（6）
产品—目的国固定效应	是	是	是	是	是	是
邹至庄（Chow test）检验结果（P 值）	-0.008 5（0.009 6）					
样本数量观测值	1 743 760	5 792 169	7 165 315	384 342	491 134	7 089 355
R^2	0.376	0.355	0.336	0.570	0.376	0.344

二、不同地区

我国不同地区的要素禀赋、产业集聚、基础设施、制度建设以及信息化水平差异较大，为了进一步考查不同地理范围内的产品关联密度对不同地区制造业企业出口产品质量的异质性影响，本部分将制造业企业按照所在地域划分为东部地区与中西部地区样本进行异质性检验，具体结果如表 7-4 所示。其中，第（3）与（4）列汇报的结果为城市内产品关联密度对不同地区企业出口产品质量的估计结果。可以发现，城市内的产品关联密度对东部地区制造业企业出口产品质量升级表现为显著的促进效应，但对中西部地区企业的出口产品质量升级的影响并不显著。可能的原因如下：首先，与中西部地区相比，我国东部地区要素市场发展水平更高，生产要素流动性更好，相关企业更容易通过要素市场和要素共享发挥生产要素的禀赋优势[1]；其次，东部地区作为我国主要的出口产业集聚区，企业技术更先进，经验更丰富，企业之间互动交流也更为频繁，大量产品关联密度较高的企业在同一地区集聚将有助于增强企业持续学习与技术创新的能力[2][3]；最后，由于中西部地区的经济发展水平较低，基础设施不完善，制度建设及信息

---

[1] 白俊红，卞元超. 要素市场扭曲与中国创新生产的效率损失[J]. 中国工业经济，2016（11）：39-55.
[2] 吴小康，于津平. 产品关联密度与企业新产品出口稳定性[J]. 世界经济，2018，41（7）：122-147.
[3] 李大为，刘英基，杜传忠. 产业集群的技术创新机理及实现路径——兼论理解"两个熊彼特"悖论的新视角[J]. 科学学与科学技术管理，2011，32（1）：98-103.

化水平落后，难以享受到城市内产品关联密度所带来的外部经济性和技术溢出，因此城市内产品关联密度对其企业出口产品质量升级无显著影响。

三、不同产品技术水平

为了区分不同产品技术水平可能对我国制造业企业出口产品质量升级的异质性影响，首先将出口产品划分为高新技术产品和非高新技术产品，然后对产品技术水平分类下的不同样本根据式（7-1）估计城市内产品关联密度对我国制造业企业出口产品质量升级的异质性影响。汇报的结果如表7-4的第（5）与（6）列所示。估计结果表明，城市内产品关联密度对非高新技术产品质量的影响系数都在1%的水平上显著为正，同时对高新技术产品的影响系数虽为正但并不显著。这说明城市内产品关联密度更有助于非高新技术产品质量的升级。对此可能的原因在于，在样本期内生产高新技术产品的企业多为外资企业，他们为防技术外溢，往往对技术交流进行严格限制，避免中低技术企业的"功能升级"及"链条升级"[①]，同时，由于外资企业技术水平等较高，一般属于溢出主体，仅能从城市范围内具有比较优势产品的企业获取到一定的溢出效应，如果外资企业并没有出口城市内关联密度高的产品，那么从其他企业获取的溢出效应相对有限，便无益于企业出口产品质量的提升，因而高新技术产品对企业出口产品质量的影响不显著。而对于中低技术制造业如食品加工等企业，其技术水平、人力资本水平、生产效率均存在劣势，一般属于溢出客体，因而即使在相关企业并没有出口城市内关联密度高的产品的情况下，吸收相互关联企业的溢出效应也非常可观，因而中低技术产品的影响系数显著为正。

第五节 作用机制检验

根据上文的理论机制分析可知，产品关联密度可能通过人力资本提升与中间品质量提升等途径影响我国制造业企业出口产品质量升级。本部分将进一步从城

---

① 徐邦栋，李荣林. 全球价值链参与对出口产品质量的影响［J］. 南方经济，2020（12）：19-37.

市内产品关联密度视角检验其对企业出口产品质量的作用机制。

一、人力资本提升效应

为了验证人力资本提升效应的影响机制，本部分首先具体考查城市内产品关联密度对企业人力资本水平的影响。企业的人力资本水平一般采用研究生及以上学历的员工人数占比表征，但中国工业企业数据库中关于员工的学历结构数据仅有 2004 年的数据，因此可采用自然对数形式的企业人均工资表示人力资本水平。具体而言，企业人均工资等于企业应付工资总和与企业从业人员平均数的比值，为了消除价格波动造成的干扰，本部分根据消费价格指数对企业应付工资总和进行了平减。鉴于中国工业企业数据库 2008—2010 年企业应付工资总和数据的缺乏，本部分的样本区间仅为 2000—2007 年与 2011—2015 年。其次，验证企业人力资本水平对企业出口产品质量的影响，计量模型如下：

$$graduate_{ft} = \zeta_0 + \zeta_1 density^e_{ft} + v_f + v_t + \varepsilon_{ft} \qquad (7\text{-}2)$$

$$qua_{ft} = \zeta_0 + \zeta_1 density^e_{ft} + \zeta_2 graduate_{ft} + v_f + v_t + \varepsilon_{ft} \qquad (7\text{-}3)$$

其中，式 7-2 中的 $graduate_{ft}$ 为企业层面的人力资本水平，ζ_0 为常数项，ζ_1 为企业层面城市内产品关联密度的估计系数。式 7-3 中的 qua_{ft} 为企业层面的出口产品质量，采用将产品层面的出口产品质量进行标准化处理后加总获得，ζ_0 为常数项，ζ_1 为企业层面城市内产品关联密度的估计系数，ζ_2 为企业层面人力资本水平的估计系数。$density^e_{ft}$ 为企业层面城市内产品关联密度，采用出口额比重对企业—产品层面的城市内产品关联密度加权求和而得。表 7-5 第（1）列的回归结果显示，城市内产品关联密度对企业人力资本水平有显著正影响，表明城市内产品关联密度提高，将提升企业人力资本水平。同时，表 7-5 第（2）列的结果还显示出人力资本提升在 1% 的置信水平上显著促进了企业出口产品质量提升，此外，现有研究也表明人力资本水平提升可以通过提高企业技术创新速度和技术创新质量以及企业内部的管理运行效率等途径促进企业出口产品质量提升[1][2]，因此假说 H3-9 可成立，不同地理范围内产品关联会通过人力资源提升效应显著促进我国制造业企业产品质量的升级。[3]

---

[1] 程锐，马莉莉. 高级人力资本扩张与制造业出口产品质量升级 [J]. 国际贸易问题，2020（8）：36-51.
[2] 胡国恒，闫雪培. 中国制造业出口工资溢价的异质性分析——来自企业微观数据的实证研究 [J]. 河南师范大学学报（哲学社会科学版），2020，47（3）：47-53.
[3] 省内产品关联密度的机制分析结果备索。

表 7-5　机制检验结果

变量	人力资本提升效应		知识溢出效应		中间品质量提升效应	
	(1)	(2)	(3)	(4)	(5)	(6)
城市内产品关联	0.394***（0.0819）		2.051***（0.499）		3.469***（0.546）	
人力资本提升效应		0.0015***（0.0005）				
知识溢出效应				0.0015***（0.0005）		
中间品质量提升效应						0.0005***（0.0002）
常数项	2.812***（0.0094）	0.481***（0.0015）	0.164**（0.0750）	0.490***（0.0003）	2.493***（0.0488）	0.472***（0.0010）
样本数量观测值	189 219	4 610 796	41 802	963 323	251 019	3 006 249
R^2	0.765	0.365	0.814	0.357	0.823	0.346

注：每列均控制了企业与年份固定效应，并在企业层面进行聚类。

二、知识溢出效应

首先，构建企业受城市内其他企业知识溢出的表征指标，由于知识溢出指标与第六章作用机制部分的测算方法一致，因此不再说明。其次，采用式（7-4）验证企业层面城市内产品关联密度对企业知识溢出的影响。最后，构建式（7-5）进一步验证知识溢出对企业层面出口产品质量升级的影响，具体如下：

$$spillover_{ft} = \sigma_0 + \sigma_1 density_{ft}^e + v_f + v_t + \varepsilon_{ft} \tag{7-4}$$

$$qua_{ft} = \upsilon_0 + \upsilon_1 density_{ft}^e + \upsilon_2 spillover_{ft} + v_f + v_t + \varepsilon_{ft} \tag{7-5}$$

其中，$spillover_{ft}$ 为企业层面的知识溢出指标，采用出口额比重对企业—产品—目的市场层面的知识溢出加权求和而得，$density_{ft}^e$ 为企业层面城市内产品关联密度。qua_{ft} 为企业层面的出口产品质量，υ_0 为常数项，υ_1 为企业层面城市内产品关联密度的估计系数，υ_2 为企业层面知识溢出的估计系数，$density_{ft}^e$ 为企业层面城市内产品关联密度。

式（7-4）和式（7-5）的估计结果如表 7-5 第（3）与（4）列所示。城市内产品关联密度对企业层面的知识溢出有显著正影响，而且，表 7-5 中第（4）列的结果也表明企业的知识溢出对企业层面出口产品质量呈现出显著的正向提升作用,这意味着城市内产品关联密度越高,企业受所在城市其他企业的知识溢出就越多,从而将进一步促进企业出口产品质量升级,也就是说产品关联有助于提升我国制造业企业的产品质量,验证了假说 H3-10[①]。

三、中间品质量提升效应

鉴于企业的中间品投入质量缺乏数据测算,因此本部分通过验证企业层面城市内产品关联密度对企业进口中间品质量的影响来考查中间品质量提升机制。首先,采用中国海关数据库 2000—2015 年企业层面进口数据测度中国企业进口产品质量。其次,从中挑选出进口中间品的企业与出口企业匹配,再根据标准化处理加总得出企业层面的进口中间品质量。再次,估计企业层面城市内产品关联密度对企业进口中间品质量的影响。最后,验证企业进口中间品的质量对企业出口产品质量的影响,具体的公式如下:

$$quality_{ft} = \kappa_0 + \kappa_1 density^e_{ft} + v_f + v_t + \varepsilon_{ft} \qquad (7\text{-}6)$$

$$qua_{ft} = \Pi_0 + \Pi_1 density^e_{ft} + \Pi_2 quality_{ft} + v_f + v_t + \varepsilon_{ft} \qquad (7\text{-}7)$$

其中,$quality_{ft}$ 为企业层面的进口中间品质量,κ_0 为常数项,κ_1 为企业层面城市内产品关联密度的估计系数,$density^e_{ft}$ 为企业层面城市内产品关联密度,qua_{ft} 为企业层面的出口产品质量,Π_0 为常数项,Π_1 为企业层面城市内产品关联密度的估计系数,Π_2 为企业层面进口中间品质量的估计系数。结果如表 7-5 第(5)与(6)列所示,城市内产品关联密度对进口中间品质量有显著正向影响,且随着进口中间品质量的提升,企业层面出口产品质量也有显著的提升效应。这表明,随着城市内产品关联密度提高,企业进口中间品质量将随之提升,而更高的中间品质量水平往往能够促进企业出口产品质量的提升,验证了假说 H3-11,即产品关联通过中间品质量提升效应促进我国制造业企业的产品质量升级。[②]

[①] RODRIK D, SUBRAMANIAN A, TREBBI F. Institutions rule: the primacy of institutions over geography and integration in economic development[J]. NBER working paper, 2002 (9305): 1-44.
[②] 曹华林. 品牌延伸策略的风险及对策研究[J]. 西南民族大学学报(人文社会科学版), 2004, 25(7): 194-196.

第八章
产品关联对我国制造业企业高质量发展影响的结论与启示

第一节 产品关联对我国制造业企业高质量发展影响的结论

企业是经济高质量发展的微观主体，然而由于创新能力不足、产品附加值不高、生产管理效率较低等问题，我国企业一直处于"大而不强"的状态，企业高质量发展能力亟待加强。在国内国际双循环的新发展格局下，如何发挥我国庞大、完整且具有较强互补性的产品生产能力，充分利用已积累起来的要素禀赋和竞争优势由内而外地实现我国制造业企业的转型升级及高质量发展已成为研究的重点。产品关联反映产品之间进行转换所需生产能力的相似性，如果企业出口产品与当地企业的产品有较高的关联度，表明出口企业与当地企业在生产能力方面也具有较高的相似性，集群内企业具备更好的知识溢出效应和要素禀赋效应，从而有助于企业转型升级及高质量发展。在此背景下，考查产品关联对我国制造业企业高质量发展的影响及其作用机制，有助于加快产业转型升级，为推动经济增长和实现"中国制造"向"中国创造"的转变提供理论参考及实证经验。鉴于此，本书首先梳理产品关联、企业高质量发展的相关研究文献并进行概念界定，在理论上厘清了微观层面产品关联对企业高质量发展影响的分析框架及影响机理，在此基础上，从创新驱动、效率提高及质量提升三方面对我国制造业企业高质量发展进行了典型事实描述，并进一步进行实证检验。一是实证考查了微观层面不同地理范围内产品关联对我国制造业企业创新驱动的影响效应，以及不同所有制、区域分布、技术水平的异质性影响，同时检验了其作用机制。二是实证研究了不同地理范围内产品关联对企业生产效率的影响效应，考查不同贸易方式、不同地区及不同产业类型作用效应的异质性，并从技术创新效应、知识溢出效应与成本效应渠道进行了机制检验。三是经验考查了不同地理范围内产品关联对企业产品质量提升的影响，还从贸易方式、地区分布及技术水平等方面考查了其异质性影响，随后检验了其作用机制。具体结论如下。

第一，我国制造业企业产品关联的现状表现为：无论是企业—产品层面还是企业总体层面，在样本考查期内不同地理范围内的产品关联密度均大体显示出逐年提升的态势，且与同一层面城市内产品关联密度相比，省内产品关联的平均值要更大。在区域分布特征上，不同层面上东部地区企业均处于较为领先的位置，就中西部地区企业而言，其企业在城市范围内的产品关联更为紧密，中部地区企业则更多地体现在省份内产品之间的关联。此外，从产品关联密度的行业分布特征来看，在企业—产品层面，不同地理范围内的产品关联密度平均值居于前列的行业有较大的相似性，如玩具、游戏、游戏品、运动用品及其零件、附件，帽类及其零件等在不同地理范围内均居于前列，乐器及其零件、附件等行业的优势集中于城市内产品关联密度，而化学纤维短丝、长丝等行业的优势则存在于省内产品关联密度。从企业总体层面来看，除了企业—产品层面中居于前列的行业外，城市内产品关联密度平均值排在前列的行业还有化学纤维短丝、特种机制物、电机电气类、光学照相等仪器设备以及无机化学品类等，与之相比，省内产品关联密度平均值居于前列的行业还囊括了铝及其制品、锌及其制品、核反应堆类等行业。最后，在贸易方式分类上，从产品关联密度的平均值来看，无论是企业—产品层面还是企业层面，同一地理范围内不同贸易方式下的产品关联密度均值差异较小或几乎无差别。

第二，我国制造业企业的发展是一个动态演化过程，1949年以后其发展大致可分为五个阶段：初步建立阶段（1949—1978年）、探索与复苏阶段（1979—1991年）、全面市场化转型阶段（1992—2001年）、新型工业化发展阶段（2002—2012年）及高质量发展阶段（2013年至今），这五个阶段相互衔接共同助推了我国制造业企业的高质量发展。企业高质量发展是企业在发展过程中所呈现出的高水平、高效率及高附加值的社会经济价值的实现，以及在此过程中企业所形成的可持续发展和持续价值创造的能力。进一步地，企业高质量发展是强调"质量第一、效率优先"的高层次发展。动力变革是基础，实现以自身发展为基础的动力转换，形成以企业创新驱动为新动力的发展格局，着力提高企业自主创新能力与核心技术开发能力；效率变革是主线，是提升企业竞争实力和实现企业高质量发展的重要支撑，这意味着企业必须在生产过程中提高其资源利用效率，实现集约式发展，从而更好地发挥全部资源的最大价值；质量变革是主体，这要求企业提供高质量的产品供给，表现为不断适应消费者的个性化、多样化需求以及消费升级的趋势。三者之间相互依托，共同形成一个有机整体。由此可见，创新能力和生产效率的提升是企业高质量发展的重要特征[1][2]，也是企业高质量发展的动力基础和重要支撑，而优质产品是企业高质量发展的核心要素及内容。具体而言，首先，创新是企业高质量发展的不竭动力，也是企业在日益激烈的竞争环境中战胜其他企业的重要保障。高质量发展要求企业必须提高产品的技术含量和质量标准，以获得更大的市场竞争优势，这就促使企业要以创新驱动转型发展，创新驱动发展体现了企业发展动力和源泉[3]。其次，高质量发展要求企业不断推进效率变革，提高资源要素的投入产出效率，实现集约式发展，从而更好地发挥资源的最大价值。企业全要素生产率反映了企业全部资源要素的综合产出效率，是企业内涵式发展和集约型增长方式的重要表征。提升企业全要素生产率是推动效率变革、实现企业高质量发展的关键所在。同时，高水平的全要素生产率也是企业可持续发展和高质量发展的重要基础。再次，产品的质量水平表征了企业发展质量，企业高质量发展就是为了持续向社会提供高质量产品，以更好地满足消费者的需求。而且，提供高质量的产品也是扩大市场份额和得到消费者支持和认可的主要原因。也就是说，供给优质产品是企业高质量发展的核心要素及内容。因此，推动企业创新驱动、效率提高和质量提升是实现企业高质量发展必然要求，也是新时代背景下转变发展方式、优化经济结构、转换增长动力攻关期的重要内容。

第三，从我国制造业企业高质量发展的创新驱动、生产效率及产品质量三个维度的典型事实考查来看，首先，我国制造业企业的专利申请平均值呈现出逐年递增趋势，尤其在 2007 年后更为明显。在企业创新驱动的区域分布上，东部地区遥遥领先于中西部地区，在省份层面尤为显著，如企业专利申请量排在前十位的省份中，东部地区有北京、上海、广东、江苏、天津及浙江等 6 个省（直辖

---

[1] HUMPHREY J, SCHMITZ H. How does insertion in global value chains affect upgrading in industrial clusters?[J]. Regional studies, 2002, 36 (9): 27-101.
[2] CAPPELEN A, RAKNERUD A, RYBALKA M. The effects of R&D tax credits on patenting and innovations[J]. Research policy, 2012, 41 (2): 334-345.
[3] 王瑶，黄贤环. 企业高质量发展的指标体系构建与实现路径[J]. 统计与决策, 2021, 37 (12): 182-184.

市），显示出其在企业创新方面强大的竞争实力。创新绩效较为显著的行业主要分布在烟草制品业，电气机械和器材制造业，仪器仪表制造业，计算机、通信及其他电子设备制造业、汽车制造业等。在企业创新的所有制分布上，国有企业专利申请量的平均值最高，外资企业紧随其后。其次，在企业生产效率的典型事实特征上，2000—2010年，我国制造业企业全要素生产率的平均值保持逐年递增态势，随后呈现出递减并保持相对稳定的趋势。从不同地区制造业企业生产率的平均值来看，呈现出东部地区大于中部地区、中部地区大于西部地区的分布特征。在省份层面的企业生产率分布上，我国制造业企业生产率水平最高的10个省级单位中，东部地区所占比重最多。就行业分布而言，企业全要素生产率平均值居于前列的行业主要有石油加工、炼焦和核燃料加工业，有色金属冶炼和压延加工业、金属制品业、电气机械和器材制造业等。最后从企业所有制分布看，企业全要素生产率平均值排在首位的是外资企业。再次，关于企业产品质量的典型事实特征来看，我国制造业企业出口产品质量的平均值大体保持相对稳定，且呈现出略有下降的态势。在出口产品质量的区域分布上，东部地区企业的出口产品质量平均值处于高位，但要略低于中部地区，西部地区居于最后。从省份分布特征来看，位于东部地区的河北、山东、天津，中西部地区的山西、湖南、黑龙江、广西位于前列。在产品质量的行业分布上，出口产品质量平均值排在最前列的行业主要有武器、弹药及其零件、附件，家具、寝具、活动房屋等，无机化品、贵金属、稀土金属及放射性元素，铁道及电车道机车、车辆机器零件等。在出口产品质量的贸易方式上，一般贸易下的出口产品质量要大于加工贸易下的出口产品质量，但二者差异不大。

  第四，产品关联对企业创新驱动影响的理论及实证研究均表明，首先，不同地理范围内产品关联密度对我国制造业企业的创新能力均产生了显著的正向影响。其次，企业所有制的异质性研究结果显示，企业层面省内产品关联密度对两类贸易方式企业的影响系数均显著为正，但更有助于提高内资企业的创新能力。在区域层面的异质性结果上，省内产品关联密度对不同地区企业的创新能力均有显著促进作用，而且这种影响程度无太大差异。此外，从企业技术水平的异质性结果来看，在省份范围内产品关联分类下，省内产品关联密度对高技术企业的创新效应不显著，但对中低技术企业的影响系数在1%的置信水平上均显著为正。最后，作用机制检验的结果发现，企业层面省内产品关联密度对企业创新驱动的影响主要通过创新学习效应及人力资本提升效应实现。

  第五，产品关联对企业生产效率的影响及机制研究发现，首先，企业层面不同地理范围内的产品关联密度对我国制造业企业全要素生产率均表现为显著的正向提升效应。其次，就贸易方式的异质性分析结果而言，在企业层面城市内产品关联密度的估计上，产品关联密度对不同贸易方式下的企业全要素生产率均表现为显著的促进作用，但对一般贸易企业的生产效率促进作用更大。在企业区域分布的异质性检验结果上，城市内产品关联密度仅对东部地区样本的企业全要素生产率提升有显著的促进作用，对中西部地区企业则无显著影响。进一步观察不同要素密集度的产业，企业层面城市内产品关联密度对不同行业样本的估计系数均显著为正，但不同行业存在差异。其中，城市内产品关联密度对资本密集型产业的影响最为显著，技术密集型产业与劳动密集型产业则依次位列其后。最后，企业层面城市内产品关联密度可以通过技术创新效应、知识溢出效应与成本效应提升我国制造业企业的全要素生产率。

第六，不同地理范围内的产品关联密度对我国出口产品质量的影响效应表现为：不同地理范围内的产品关联密度均有助于促进我国制造业企业出口产品质量升级。异质性检验结果表明，城市内产品关联密度对两类贸易方式企业的影响系数均显著为正且无差异。同时，与城市内的产品关联密度对东部地区制造业企业出口产品质量表现为显著促进效应不同，城市内产品关联密度对中西部企业出口产品质量升级的影响系数并不显著。进一步地，在不同产品技术水平上，研究结果还发现城市内产品关联密度仅对非高新技术产品出口质量产生了显著的提升作用，而对高新技术企业的出口产品质量无显著影响。此外，在中介传导机制检验中，城市内产品关联将通过促进人力资本提升效应和中间品质量提升效应来推动我国制造业企业出口产品质量升级。

第二节 产品关联对我国制造业企业高质量发展影响的启示

根据上述结论，可知微观层面不同地理范围内产品间的关联程度呈现出逐年提高的趋势，同期内，我国制造业企业高质量发展取得了一定进展，尤其在创新驱动、生产效率及产品质量等方面都大体表现为先递增后趋于相对稳定的态势。同时理论分析及经验研究显示出，不同地理范围内产品关联对我国制造业企业的高质量发展具有显著的提升作用，有鉴于此，本书提出以下七个方面的启示与政策性建议以供参考。

第一，路径依赖演进仍是我国制造业企业高质量发展的主要途径，企业动态的比较优势对于企业的高质量发展具有重要意义。一方面，从我国制造业企业发展的演变历程来看，其发展历经初步建立、探索与复苏、市场化转型、新型工业化发展及高质量发展五个阶段，其本身就是一个不断演化进步、实现高质量发展的过程；另一方面，从企业层面和企业—产品层面的研究结果来看，不同地理范围内产品关联对我国不同地区、不同行业及不同贸易方式的制造业企业呈现出异质性和多样性的影响，但总体上微观层面不同地理范围内产品关联密度对我国制造业企业的创新驱动、效率提高与质量提升都产生了显著的促进作用，这说明产品网络关系的历史经验对企业高质量发展的作用显著。基于此，我国制造业企业要发挥我国，尤其是区域内已形成的完整、庞大且具有较强互补性的产品生产能力，加强关联技术能力的发展与累积，重视企业转型升级的关键技术与共性技术的研究，不断提升产业发展的相关性，充分利用已有要素禀赋优势及外部经济优势，促进企业转型升级及高质量发展。

第二，产品关联程度反映一产品所累积的生产能力禀赋大小，生产能力禀赋的稀缺性特征要求必须实现其资源的高效配置。我国制造业企业的产品关联及高质量发展的典型事实特征显示，其生产能力禀赋多集聚于传统产业，而且不同地理范围内产品关联密度主要促进中低技术企业或产品的创新及产品质量升级。因此，产品关联在促进我国企业转型升级及高质量发展的同时，也可能对落后产业的退出起到抑制作用，继而可能阻碍我国新兴产业及高新技术企业的发展。基于此，要以供给侧结构性改革为契机，进一步完善市场退出机制，加快淘汰那些低技术含量、高污染排放的企业及落后产能，通过强化产业引领、政策支持及优化营商环境来促进东部发达地区的传统优势产业向中西部地区转移，以此在培育中西部地区企业新的比较优势的同时，还能通过发挥已有生产能力禀赋助力东部地区企业的转型升级及高质量发展。

第三，由于不同地理范围内产品关联对我国企业创新能力表现为显著的促进作用，而且这种影响还呈现出空间递增的特征，因此，一方面要鼓励和支持企业优先选择生产并出口那些与其所在省内和市内其他已出口的比较优势产品关联度高的产品；另一方面要引导企业以邻为鉴，加强相关企业间相互学习与信息交流，营造企业间互惠共生观念和环境。同时，为了提升企业创新能力，须提高企业吸收能力。要加大对企业科研能力建设的支持力度，为其创新发展创造良好的外部环境，包括基础设施和信息化平台的建设等，同时要重视科研人才的培养与引进，从而培养企业自身的吸收和消化能力，不断增进对外部知识溢出的吸收和消化。而且，在制定企业创新发展的促进政策时要因地制宜，鼓励与本区域产品关联更紧密的相关企业加强技术创新合作与交流，特别是内资企业。此外，在推进中西部地区企业创新发展过程中，要重视本地产业基础和产品关联，重点推进符合自身发展基础的相关产业，切勿盲目扶持高技术、高附加值的产业。

第四，生产能力禀赋不仅包括要素资源的数量及质量，还涉及公共服务水平、人力资本建设、创新驱动发展战略的贯彻实施等。因此，鉴于产品关联对企业转型升级及高质量发展的积极作用，政府部门应该继续加大对科技创新、人才资源及企业转型升级的投入，结合运用多种财政金融等优惠政策支持偏向于技术创新的产品，鼓励技术进步，使产品由模仿到创新、由低成本向差异化转变等，不断提高产品的技术含量和质量，同时加强知识产权保护，杜绝假冒伪劣商品的出现，从而增强我国制造业企业的可持续发展能力和核心竞争力，实现企业的转型升级与高质量发展。

第五，鉴于产品关联对企业效率提高的积极作用，因此，首先要提高与当地具有比较优势的产品和市场的关联程度，整合区域要素市场和中间品市场，构建有效的知识交流和人才协作平台，为充分发挥产品关联的要素禀赋和形成溢出效应创造良好的外部条件。其次，要鼓励和支持企业优先选择生产并出口那些与所在地区，尤其是所在城市产品关联程度高的产品，引导企业以邻为鉴，促进相关企业间相互学习与交流，从而更充分发挥知识溢出效应对企业全要素生产率的促进作用。由于不同地理范围内产品关联密度对企业全要素生产率具有显著的成本效应，有助于降低经营中的不确定成本、贸易成本及信息搜寻成本等。为进一步提升我国制造业企业的生产效率，最大限度地发挥不同地理范围内产品关联的效率提高效应，政府应加大基础设施及信息化平台的投入，完善集聚区公共服务配套设施和交通设施的建设，破除生产要素在不同区域及部门间自由流动的障碍，降低企业在不同区域间的运输成本，打破市场壁垒，提高资源配置效率，从而促进企业的转型升级及高质量发展。同时，考虑到不同地理范围内产品关联对不同贸易方式企业效率提高的贡献显著，各级政府在制定企业转型升级及高质量发展促进政策时，要鼓励企业多生产并出口那些与本区域其他企业紧密相关的产品，尤其应支持一般贸易企业的发展。此外，在推进企业高质量发展过程中，一方面要鼓励东部地区辐射带动周边落后地区的产业发展，引导更多企业在中西部地区布局；另一方面，政府还要重点推进与本地产业基础相关的产业发展，而非盲目扶持高技术、高附加值的产业，并进一步加大中西部地区的要素市场和基础设施建设力度，更大程度地发挥其对地区社会经济发展的提升作用。

第六，考虑到不同地理范围内产品关联，特别是城市内产品关联对我国制造业企业出口产品质量升级发挥了显著的促进效应，因此，一方面要鼓励和支持企业优先选择生产并出口那些与所在地区，尤其是所在城市产品关联程度高的产品，引导企业以邻为鉴，促进相关企业间相互学习与交流，从而更充分发挥知识溢出效应对出口产品质量升级的促进作用；另一方面，要注重培养高质量发展需要的人才，大力引进高级人力资源，提升当地人力资源水平，为充分发挥人力资源提升效应创造良好的外部条件。而且，要加强与当地生产具有比较优势产品企业之间的关联，整合区域中间品市场，进口高质量的中间产品，获取国际知识溢出，以充分发挥高质量中间品在企业出口产品质量升级中的作用。此外，在制定区域产业发展的促进政策时要因地制宜，鼓励本区域产品关联密度高的相关企业加强技术创新合作与交流。最后，在推进中西部地区产业发展过程中，除要重点推进符合自身发展基础的相关产业外，还要进一步加大中西部地区的基础设施和要素市场建设与完善。

第七，积极推动企业深度参与产品内分工，融入区域内及全球生产网络。一方面，产品内分工与传统的产品间分工相比是一种更为细致的分工，也更有利于比较优势的发挥，因此对我国的经济发展具有重要的意义。另一方面，中间产品不仅有助于提高我国企业的出口产品质量，还可通过知识溢出等效应促进我国企业的技术进步。企业通过参与中间品产品内分工更容易融入并拓展出口网络，能助推企业投资于研发，提高技术水平，实现企业的转型升级。企业还可以通过参与产品内分工吸收知识溢出效应，从而促进企业的技术进步与高质量发展。

参 考 文 献

[1] ACEMOGLU D, ROBINSON J A. Persistence of power, elites, and institutions[J]. The American economic review, 2008, 98（1）: 267-293.

[2] AIELLO F, CARDAMONE P. R&D spillovers and firms' performance in Italy: evidence from a flexible production function[J]. Spatial econometrics, 2006（9）: 143-166.

[3] ALONSO J A, MARTIN V. Product relatedness and economic diversification at the regional level in two emerging economies: Mexico and Brazil[J]. Regional studies, 2019, 53（12）: 1710-1722.

[4] ASONGU S A, NWACHUKWU J C. The mobile phone in the diffusion of knowledge for institutional quality in the Sub-Saharan Africa[J]. World development, 2016（86）: 133-147.

[5] ASTERIOU D, SPANOS K. The relationship between financial development and economic growth during recent crisis: the evidence from the EU[J]. Finance research letters, 2019（3）: 238-245.

[6] AUTANT-BERNARD C. The geography of knowledge spillovers and technological proximity[J]. Economics of innovation and new technology, 2001, 10（4）: 237-254.

[7] BAHAR D, WAGNER R, STEIN E, et al. The birth and growth of new export clusters: Which mechanisms drive diversification?[J]. Center for international development at Harvard University working paper, 2017（86）: 3035605.

[8] BARTELSMAN E, HALTIWANCER J, SCARPETTA S. Cross-country differences in productivity: the role of allocation and selection[J]. American economic review, 2013, 103（1）: 305-334.

[9] BATHELT H, LI P F. Global cluster networks: foreign direct investment flows

from Canada to China[J]. Journal of economic geography, 2014, 14 (1): 45-71.

[10] BELDERBOS R, ITO B, WAKASUGI R. Intra-firm technology transfer and R&D in foreign affiliates: substitutes or complements? Evidence from Japanese multinational firms[J]. Journal of the Japanese and international economies, 2008, 22 (3): 310-319.

[11] BOSCHMA R, FRENKEN K. The emerging empirics of evolutionary economic geography[J]. Journal of economic geography, 2011, 11 (2): 295-307.

[12] BOSCHMA R, LAMMARINO S. Related variety, trade linkages, and regional growth in Italy[J]. Economic geography, 2009, 85 (3): 289-311.

[13] BOSCHMA R, MINONDO A, NAVARRO M. The emergence of new industries at the regional level in Spain: a proximity approach based on product-relatedness[J]. Economic geography, 2013, 89 (1): 29-51.

[14] BRAY R L, SERPA J C, COLAK A. Supply chain proximity and product quality[J]. Management science, 2019, 65 (9): 4079-4099.

[15] BRESCHI S, LISSONI F, MALERBA F. Knowledge-relatedness in firm technological diversification[J]. Research policy, 2003, 32 (1): 69-87.

[16] BRODA C M, WEINSTEIN D E. Globalization and the gains from variety[J]. Quarterly journal of economics, 2006, 121 (2): 541-585.

[17] CABALLERO R J, JAFFE A B. How high are the giants' shoulders: an empirical assessment of knowledge spillovers and creative destruction in a model of economic growth[J]. NBER macroeconomics annual, 1993 (8): 15-74.

[18] CAPPELEN A, RAKNERUD A, RYBALKA M. The effects of R&D tax credits on patenting and innovations[J]. Research policy, 2012, 41 (2): 334-345.

[19] CARLINO G, KERR W R. Agglomeration and innovation[J]. Handbook of regional and urban economics, 2015 (5): 349-404.

[20] CHEN H J, XIE F J. How technological proximity affect collaborative innovation? An empirical study of China's Beijing-Tianjin-Hebei region[J]. Journal of management analytics, 2018, 5 (4): 287-308.

[21] CICCONE A. Agglomeration effects in Europe[J]. European economic review, 2002, 46 (2): 213-227.

[22] CUNNINGHAM S, WERKER C. Proximity and collaboration in European nano technology[J]. Papers in regional science, 2012, 91 (4): 723-742.

[23] DE BEULE F, VAN BEVEREN I. Does firm agglomeration drive product innovation and renewal? An application for Belgium[J]. Tijdschrift voor economische en sociale geografie, 2012, 103（4）: 457-472.

[24] DURANTON G, PUGA D. Micro-foundations of urban agglomeration economies[M]. [S.L.]: Elsevier, 2004.

[25] EUM J. Food safety standards and quality upgrading through import competition[M]. [S.l.: s.n.], 2016.

[26] FERRARINI B, SCARAMOZZINO P. Production complexity, adaptability and economic growth[J]. Structural change and economic dynamics, 2016（37）: 52-61.

[27] EUM W, LEE J D. Role of production in fostering innovation[J]. Technovation, 2019（84/85）: 1-10.

[28] FELIPE J, KUMAR U, ABDON A, et al. Product complexity and economic development[J]. Structural change and economic dynamics, 2012（23）: 36-68.

[29] FRENKEN K. Applied evolutionary economics and economic geography[M]. Cheltenham: Edward Elgar Publishing, 2007.

[30] GUO Q, HE C. Production space and regional industrial evolution in China[J]. Geojournal, 2017（82）: 379-396.

[31] GUO Z F, CAO L. An analysis of the degree of diversification and firm performance[J]. International journal of business and finance research, 2012, 6（2）: 53-58.

[32] HAUSMANN R, HIDALGO C A. The network structure of economic output[J]. Journal of economic growth, 2011, 16（4）: 309-342.

[33] HAUSMANN R, KLINGER B. Structural transformation and patterns of comparative advantage in the product space[J]. CID working paper, 2006（128）: 1-35.

[34] HAUSMANN R, KLINGER B. The structure of the product space and the evolution of comparative advantage[J]. CID working paper, 2007（146）: 1-37.

[35] HAZIR C S, BELLONE F, GAGLIO C. Local product space and firm level churning in exported products[J]. Industrial and corporate change, 2019, 28（6）: 1473-1496.

[36] HEAD K, RIES J. Heterogeneity and the FDI versus export decision of Japanese

manufacturers[J]. Journal of the Japanese and international economies, 2003, 17（4）: 448-467.

[37] HELSLEY R W, STRANGE W C. Matching and agglomeration economies in a system of cities[J]. Regional science and urban economics, 1990, 20（2）: 189-212.

[38] HENDERSON J V, KUNCORO A, TURNER M. Industrial development in cities[J]. Journal of political economy, 1995, 103（5）: 1067-1090.

[39] HENDERSON J V. Marshall's scale economies[J]. Journal of urban economics, 2003, 53（1）: 1-28.

[40] HIDALGO C A, KLINGER B, BARABÁSI A L, et al. The product space conditions the development of nations[J]. Science, 2007, 317（5837）: 482-487.

[41] HUMPHREY J, SCHMITZ H. How does insertion in global value chains affect upgrading in industrial clusters?[J]. Regional studies, 2002, 36（9）: 27-101.

[42] ISLAM N. Growth empirics: a panel data approach[J]. Quarterly journal of economics, 1995（110）: 1127-1170.

[43] JAFFE A B, TRAJTENBERG M, HENDERSON R. Geographic localization of knowledge spillovers as evidenced by patent citations[J]. Quarterly journal of economics, 1993, 108（3）: 577–598.

[44] JANKOWSKA A, NAGENGAST A, PEREA J R. The product space and the middle-income trap[M]. [S.l.]: OECD Publishing, 2012.

[45] KANTOR S, WHALLEY A. Knowledge spillovers from research universities: evidence from endowment value shocks[J]. Review of economics and statistics, 2014, 96（1）: 171-188.

[46] KHANDELWAL K A, SCHOTT K P, WEI S. Trade liberalization and embedded institutional reform: evidence from Chinese exporters[J]. The American economic review, 2013, 103（6）: 2169-2195.

[47] LAHR M L, DIETZENBACHER E. Input-output analysis: frontiers and extensions[M]. New York: Palgrave Press, 2001.

[48] LALL S. The technological structure and performance of developing country manufactured exports, 1995-1998[J]. Oxford development studies, 2000, 28（3）: 337-369.

[49] LEAMER E. Sources of international comparative advantage: theory and evidence[M]. Cambridge: MIT Press, 1984.

[50] LO TURCO A, MAGGIONI D. On firms product space evolution: the role of firm and local product relatedness[J]. Journal of economic geography, 2015, 16（5）: 975-1006.

[51] LO TURCO A, MAGGIONI D. The knowledge and skill content of production complexity[J]. Research policy, 2022, 51（8）: 104059.

[52] MAIETTA O W. Determinants of university-firm R&D collaboration and its impact on innovation: a perspective from a low-tech industry[J]. Research policy, 2015, 44（7）: 1341-1359.

[53] NEFFKE F, HENNING M, BOSCHMA R. The impact of ageing and technological relatedness on agglomeration externalities: a survival analysis[J]. Journal of economic geography, 2011, 12（2）: 485-517.

[54] NEFFKE F, HENNING M, BOSCHMA R. How do regions diversify over time? Industry relatedness and the development of new growth paths in regions[J]. Economic geography, 2011, 87（3）: 237-265.

[55] NEFFKE F, HENNING M. Skill-relatedness and firm diversification[J]. Strategic management journal, 2013, 34（3）: 297-316.

[56] NELSON R R, PHELPS E S. Investment in humans, technological diffusion, and economic growth[J]. The American economic review, 1966, 56（1/2）: 69-75.

[57] PAN Z, ZHANG F. Urban productivity in China[J]. Urban studies, 2002, 39（12）: 2267-2281.

[58] PERRONI M G, COSTA S, LIMA E D, et al. The relationship between enterprise efficiency in resource use and energy efficiency practices adoption[J]. International journal of production economics, 2017（190）: 108-119.

[59] PÉREZ-GÓMEZ P, ARBELO-PÉREZ M, ARBELO A. Profit efficiency and its determinants in small and medium-sized enterprises in Spain[J]. Business research quarterly, 2018（4）: 238-250.

[60] PRAHALAD C K, HAMEL G. The core competence of the corporation[J]. Harvard business review, 1990（5）: 79-91.

[61] RIGBY D L, ESSLETZBICHLER J. Technological variety, technological

change and a geography of production techniques[J]. Journal of economic geography, 2006, 6 (1): 45-70.

[62] RODRIK D, SUBRAMANIAN A, TREBBI F. Institutions rule: the primacy of institutions over geography and integration in economic development[J]. NBER working paper, 2002 (9305): 1-44.

[63] RODRIK D. What's so special about China's exports?[J]. China and world economy, 2006, 14 (5): 1-19.

[64] SABIRIANOVA K, SVEJNAR J, TERRELL K. Distance to the efficiency frontier and foreign direct investment spillovers[J]. Journal of the European economic association, 2005, 3 (2/3): 576-586.

[65] SMITH V, MADSEN E S, DILLING-HANSEN M. Do R&D investments affect export performance?[J]. CIE discussion papers, 2002, 12: 1-14.

[66] TEECE D J, PISANO G, SHUEN A. Dynamic capabilities and strategic management[J]. Strategic management, 1997, 18 (7): 509-533.

[67] WANG Y J, SHENG D, SHI B Z, et al. How can infrastructure enhance the complexity of export technology[J]. Economic research, 2010 (7): 103-115.

[68] WEITZMAN M. Profit sharing as macroeconomic policy[J]. The American economic review, 1985, 75 (2): 41-45.

[69] ZHU S J, HE C F, LUO Q. Good neighbors, bad neighbors: local knowledge spillovers, regional institutions and firm performance in China[J]. Small business economics, 2019, 52 (3): 617-632.

[70] 安强身,颜笑笑.民间资本异化、全要素生产率与民营实体经济高质量发展[J].财经科学,2021 (1): 29-39.

[71] 白俊红,卞元超.要素市场扭曲与中国创新生产的效率损失[J].中国工业经济,2016 (11): 39-55.

[72] 曹华林.品牌延伸策略的风险及对策研究[J].西南民族大学学报(人文社会科学版),2004, 25 (7): 194-196.

[73] 曹正旭,董会忠,韩沅刚.工业集聚对全要素生产率影响机理及区域异质性研究[J].软科学,2020, 34 (9): 50-58.

[74] 常媛,曾永鹏,黄顺春.现金持有、研发投入与企业高质量发展:基于中介效应与面板门槛模型分析[J].华东经济管理,2022, 36 (6): 58-67.

[75] 陈劲,梁靓,吴航.开放式创新背景下产业集聚与创新绩效关系研究:以中

国高技术产业为例[J].科学学研究,2013,31(4):623-629,577.

[76] 陈丽姗,傅元海.融资约束条件下技术创新影响企业高质量发展的动态特征[J].中国软科学,2019(12):108-128.

[77] 陈太义,王燕,赵晓松.营商环境、企业信心与企业高质量发展:来自2018年中国企业综合调查(CEGS)的经验证据[J].宏观质量研究,2020,8(2):110-128.

[78] 陈昭,刘映曼.政府补贴、企业创新与制造业企业高质量发展[J].改革,2019(8):140-151.

[79] 陈紫若,刘林青.企业跳跃距离、出口多样性对出口二元边际的影响研究[J].国际贸易问题,2022(2):140-157.

[80] 程虹,王华星,范寒冰.我国传统企业如何通过"平台化"促进高质量发展?:基于"良品铺子"的案例研究[J].宏观质量研究,2020,8(4):1-21.

[81] 程锐,马莉莉.高级人力资本扩张与制造业出口产品质量升级[J].国际贸易问题,2020(8):36-51.

[82] 程文,张建华.中国模块化技术发展与企业产品创新:对Hausmann-Klinger模型的扩展及实证研究[J].管理评论,2013,25(1):34-43.

[83] 程中华,刘军.产业集聚、空间溢出与制造业创新:基于中国城市数据的空间计量分析[J].山西财经大学学报,2015,37(4):34-44.

[84] 程中华,张立柱.产业集聚与城市全要素生产率[J].中国科技论坛,2015(3):112-118.

[85] 邓向荣,曹红.产业升级路径选择:遵循抑或偏离比较优势:基于产品空间结构的实证分析[J].中国工业经济,2016(2):52-67.

[86] 董志勇,李成明."专精特新"中小企业高质量发展态势与路径选择[J].改革,2021(10):1-11.

[87] 董志愿,张曾莲.政府审计对企业高质量发展的影响:基于审计署央企审计结果公告的实证分析[J].审计与经济研究,2021,36(1):1-10.

[88] 杜威剑,李梦洁.产业集聚会促进企业产品创新吗?:基于中国工业企业数据库的实证研究[J].产业经济研究,2015(4):1-9,20.

[89] 杜勇,马文龙.机构共同持股与企业全要素生产率[J].上海财经大学学报,2021,23(5):81-95.

[90] 范剑勇,石灵云.地方化经济与劳动生产率:来自制造业四位数行业的证据[J].浙江社会科学,2008(5):36-44,126.

[91] 范玉仙, 张占军. 混合所有制股权结构、公司治理效应与企业高质量发展 [J]. 当代经济研究, 2021（3）: 71-81, 112.

[92] 伏玉林, 胡尊芳. 产品空间视角下制造业结构转变研究: 以江浙沪为例 [J]. 工业技术经济, 2017, 36（1）: 3-9.

[93] 付奎, 张杰. 国家全面创新改革如何引领企业高质量发展: 基于政策驱动和制度激励双重视角 [J]. 现代经济探讨, 2022（8）: 102-114.

[94] 耿晔强, 张世铮. 产业集聚提升了出口产品质量吗？: 来自中国制造业企业的经验证据 [J]. 山东大学学报（哲学社会科学版）, 2018（1）: 92-101.

[95] 郭平, 张凤云, 秦开强. 中间品进口与中国企业创新: 基于进口关联化、多样化与高度化的多维视角 [J]. 财经论丛, 2023（5）: 3-14.

[96] 郭涛, 孙玉阳. 环境规制对企业高质量发展作用之谜: 基于异质性企业与全要素生产率分解视角 [J]. 暨南学报（哲学社会科学版）, 2021, 43（3）: 102-118.

[97] 郝鹏. 牢牢把握习近平总书记对国有企业党的建设重要要求 以高质量党建引领保障国资央企高质量发展 [J]. 旗帜, 2021（12）: 23-25.

[98] 贺灿飞, 董瑶, 周沂. 中国对外贸易产品空间路径演化 [J]. 地理学报, 2016, 71（6）: 970-983.

[99] 贺灿飞, 金璐璐, 刘颖. 多维邻近性对中国出口产品空间演化的影响 [J]. 地理研究, 2017（9）: 1613-1626.

[100] 贺灿飞. 高级经济地理学 [M]. 北京: 商务印书馆, 2021.

[101] 贺祥民. 产业集聚对城市出口产品质量的影响: 基于中国地级以上城市动态面板数据的实证分析 [J]. 西部论坛, 2017, 27（2）: 100-106.

[102] 胡贝贝, 靳玉英, 姚海华, 等. 中国企业出口产品转换与升级研究: 基于产品空间视角的分析 [J]. 国际贸易问题, 2019（5）: 41-53.

[103] 胡彬, 万道侠. 产业集聚如何影响制造业企业的技术创新模式: 兼论企业"创新惰性"的形成原因 [J]. 财经研究, 2017, 43（11）: 30-43.

[104] 胡国恒, 闫雪培. 中国制造业出口工资溢价的异质性分析: 来自企业微观数据的实证研究 [J]. 河南师范大学学报（哲学社会科学版）, 2020, 47（3）: 47-53.

[105] 胡浩志, 孙立雪. 高铁开通促进了非枢纽城市企业高质量发展吗? [J]. 财经问题研究, 2021（12）: 123-132.

[106] 胡立法. 产品空间结构下的产业升级: 中韩比较 [J]. 世界经济研究, 2015

（3）：107-118，129.

[107] 胡玫，刘春生，陈飞.产业集聚对中国企业全要素生产率的影响：基于广东省制造业的实证研究[J].经济问题，2015（4）：78-82.

[108] 胡天杨，涂正革.绿色金融与企业高质量发展：激励效应与抑制效应[J].财经科学，2022（4）：133-148.

[109] 胡兴旺，赵艳青.新阶段民营企业高质量发展路径研究[J].财政科学，2022（4）：58-67，81.

[110] 黄速建，肖红军，王欣.论国有企业高质量发展[J].中国工业经济，2018（10）：19-41.

[111] 霍春辉，吕梦晓，龚映梅.服务转型与产品创新对制造企业高质量发展的互补效应研究[J].广东财经大学学报，2021，36（1）：73-84.

[112] 贾丽桓，肖翔.资本市场开放与企业高质量发展：基于代理成本与创新激励视角[J].现代经济探讨，2021（12）：105-115，132.

[113] 金碚.关于"高质量发展"的经济学研究[J].中国工业经济，2018（4）：5-18.

[114] 金晓燕，任广乾，罗新新.双循环发展格局下国有企业高质量发展对策[J].郑州大学学报（哲学社会科学版），2021，54（2）：55-61，127.

[115] 亢梅玲，陈安筠，李涛.出口学习效应与企业创新[J].研究与发展管理，2016，28（2）：23-32.

[116] 黎精明，张泽宇.国有企业发展质量评价指标体系构建与实证[J].统计与决策，2021，37（12）：166-169.

[117] 黎振强，王英.地理邻近性与认知邻近性对创新绩效的影响分析：基于知识获取的中小高新技术企业的实证研究[J].求是学刊，2015，42（6）：39-46.

[118] 李大为，刘英基，杜传忠.产业集群的技术创新机理及实现路径：兼论理解"两个熊彼特"悖论的新视角[J].科学学与科学技术管理，2011，32（1）：98-103.

[119] 李佳霖，张倩肖，董嘉昌.金融发展、企业多元化战略与高质量发展[J].经济管理，2021，43（2）：88-105.

[120] 李金滟，宋德勇.专业化、多样化与城市集聚经济：基于中国地级单位面板数据的实证研究[J].管理世界，2008（2）：25-34.

[121] 李粮.同事关系与企业高质量发展：基于非正式制度视角的研究[J].经济问题，2021（9）：83-96.

[122] 李强. 知识产权保护与企业高质量发展：基于制造业微观数据的分析 [J]. 统计与决策，2020，36（10）：181-184.

[123] 李瑞琴，文俊. 产业集聚对中国企业出口产品质量升级的影响：基于上下游产业关联的微观检验 [J]. 宏观经济研究，2021（12）：53-68.

[124] 李沙沙，尤文龙. 产业集聚能否促进制造业企业创新？[J]. 财经问题研究，2018（4）：30-38.

[125] 李天籽，陆铭俊. 城市人力资本与企业创新 [J]. 东北师大学报（哲学社会科学版），2022（3）：115-123.

[126] 李小青，何玮萱，崔承杰. 数字化转型如何影响制造企业高质量发展？：资源编排与开放式创新视角 [J]. 珞珈管理评论，2024（4）：25-45.

[127] 李小青，何玮萱，霍雨丹，等. 数字化创新如何影响企业高质量发展：数字金融水平的调节作用 [J]. 首都经济贸易大学学报，2022，24（1）：80-95.

[128] 李昕，徐滇庆. 中国外贸依存度和失衡度的重新估算：全球生产链中的增加值贸易 [J]. 中国社会科学，2013（1）：29-55，205.

[129] 李雄飞. 董事会多元化对国有上市企业高质量发展的影响研究 [J]. 经济问题，2022（6）：85-93.

[130] 李永友. 基于江苏个案的经济发展质量实证研究：兼与浙江、上海的比较分析 [J]. 中国工业经济，2008（6）：138-147.

[131] 厉以宁. 中国道路与民营企业高质量发展 [J]. 宏观质量研究，2020，8（2）：1-8.

[132] 林志帆，龙小宁. 社会资本能否支撑中国民营企业高质量发展？[J]. 管理世界，2021，37（10）：56-73.

[133] 刘炳某，付奎，张杰. 政府治理数字化转型与城市经济效率提升：基于"互联网+政务服务"试点的准自然试验 [J]. 南京财经大学学报，2023（2）：53-64.

[134] 刘冬冬. 实体企业金融化对企业高质量发展的影响 [J]. 统计与决策，2022，38（11）：159-163.

[135] 刘和旺，袁震宇，郑世林. "一带一路"倡议对中国企业高质量发展的影响研究 [J]. 湘潭大学学报（哲学社会科学版），2021，45（5）：44-50.

[136] 刘洪铎，陈和，李文宇. 产业集聚对出口产品质量的影响效应研究：基于中国省际面板数据的实证分析 [J]. 当代经济研究，2016（7）：84-91.

[137] 刘金焕，陈丽珍. 最低工资标准与企业进口学习效应 [J]. 国际经贸探索，

2022，38（1）：21-34.

[138] 刘林青，邓艺林. 产品密度、产品机会收益与产业升级：基于产品空间理论的实证分析[J]. 现代经济探讨，2019（2）：73-81.

[139] 刘泉. 价值链体系背景下产品内垂直分工的技术外溢研究：基于前向、后向与水平渠道关联分析[J]. 山西财经大学学报，2013，35（11）：45-56.

[140] 刘守英，杨继东. 中国产业升级的演进与政策选择：基于产品空间的视角[J]. 管理世界，2019，35（6）：81-94，194-195.

[141] 刘松竹，肖生鹏，梁运文. 人工智能与中国制造业企业高质量发展[J]. 江汉论坛，2022（7）：24-31.

[142] 刘威. 出口产品密度对产业创新的影响：基于中国出口贸易的经验数据[J]. 税务与经济，2020（1）：44-50.

[143] 刘伟丽，刘宏楠. 智慧城市建设推进企业高质量发展的机制与路径[J]. 深圳大学学报（人文社会科学版），2022，39（1）：95-106.

[144] 刘信恒. 产业集聚与出口产品质量：集聚效应还是拥挤效应[J]. 国际经贸探索，2020，36（7）：33-51.

[145] 刘兆国，乔亮. 日本制造业国际竞争力与发展趋势研究：基于产品空间结构理论的再审视[J]. 现代日本经济，2016（3）：1-13.

[146] 罗斌元，刘玉. 税收优惠、创新投入与企业高质量发展[J]. 税收经济研究，2020，25（4）：13-21.

[147] 吕康娟，潘敏杰，朱四伟. 环保约谈制度促进了企业高质量发展吗？[J]. 中南财经政法大学学报，2022（1）：135-146，160.

[148] 马海燕，刘林青. 产品密度、模仿同构与产业升级：基于产品空间视角[J]. 国际贸易问题，2018（8）：24-37.

[149] 马海燕，于孟雨. 产品复杂度、产品密度与产业升级：基于产品空间理论的研究[J]. 财贸经济，2018，39（3）：123-137.

[150] 马宗国，曹璐. 制造企业高质量发展评价体系构建与测度：2015—2018年1 881家上市公司数据分析[J]. 科技进步与对策，2020，37（17）：126-133.

[151] 毛琦梁，王菲. 比较优势、可达性与产业升级路径基于中国地区产品空间的实证分析[J]. 经济科学，2017（1）：48-62.

[152] 蒙大斌，徐勒凤，刘小军. 产品密度、空间溢出效应与区域产业升级[J]. 软科学，2020，34（5）：124-130.

[153] 孟丁，钟祖昌. 产业集聚的生产率效应及行业差异：基于中国工业行业的实

证分析 [J]. 求索，2013（8）：39-41.

[154] 孟茂源，张广胜. 劳动力成本上升对制造业企业高质量发展的影响分析 [J]. 经济问题探索，2021（2）：145-155.

[155] 彭花，贺正楚，张雪琳. 企业家精神和工匠精神对企业创新绩效的影响 [J]. 中国软科学，2022（3）：112-123.

[156] 覃丽平. 内部控制能促进企业高质量发展吗：基于目标导向的内部控制视角 [J]. 会计之友，2020（9）：101-106.

[157] 任力. 以工业互联网推进民营企业高质量发展 [J]. 人民论坛·学术前沿，2020（13）：52-59.

[158] 阮伟华. 贸易政策不确定性与出口产品质量升级 [D]. 广州：暨南大学，2020.

[159] 邵传林. 企业家精神、地区营商环境与企业投资效率：来自中华老字号的新证据 [J]. 南方经济，2024（1）：39-56.

[160] 沈鹏远，杨宗翰，黄明权. 市场一体化对企业高质量发展的影响研究：来自中国上市公司的经验证据 [J]. 桂林航天工业学院学报，2024，29（2）：203-215.

[161] 沈勇涛，陈松，周睿，等. 利率市场化改革与企业高质量发展：基于信贷资本流向的经验证据 [J]. 会计与经济研究，2021，35（1）：77-91.

[162] 施本植，汤海滨. 什么样的杠杆率有利于企业高质量发展 [J]. 财经科学，2019（7）：80-94.

[163] 施炳展，邵文波. 中国企业出口产品质量测算及其决定因素：培育出口竞争新优势的微观视角 [J]. 管理世界，2014（9）：90-106.

[164] 石大千，胡可，陈佳. 城市文明是否推动了企业高质量发展？：基于环境规制与交易成本视角 [J]. 产业经济研究，2019（6）：27-38.

[165] 苏丹妮，盛斌，邵朝对. 产业集聚与企业出口产品质量升级 [J]. 中国工业经济，2018（11）：117-135.

[166] 苏庆义. 中国国际分工地位的再评估：基于出口技术复杂度与国内增加值双重视角的分析 [J]. 财经研究，2016，42（6）：40-51.

[167] 孙浦阳，韩帅，许启钦. 产业集聚对劳动生产率的动态影响 [J]. 世界经济，2013，36（3）：33-53.

[168] 孙天阳，许和连，王海成. 产品关联、市场邻近与企业出口扩展边际 [J]. 中国工业经济，2018（5）：24-42.

[169] 孙晓华, 柴玲玲. 相关多样化、无关多样化与地区经济发展: 基于中国282个地级市面板数据的实证研究 [J]. 中国工业经济, 2012（6）: 5-17.

[170] 孙晓华, 王昀. 企业规模对生产率及其差异的影响: 来自工业企业微观数据的实证研究 [J]. 中国工业经济, 2014（5）: 57-69.

[171] 孙颖, 陈思霞. 数据资产与科技服务企业高质量发展: 基于"宽带中国"准自然实验的研究 [J]. 武汉大学学报（哲学社会科学版）, 2021, 74（5）: 132-147.

[172] 锁箭, 李霞. 专精特新中小企业驱动制造业高质量发展: 内在逻辑、实现路径与政策建议 [J]. 技术经济, 2024, 43（9）: 85-94.

[173] 藤田昌久, 雅克-弗朗斯瓦·蒂斯. 集聚经济学: 城市、产业区位与全球化 [M]. 2版. 石敏俊, 等译. 上海: 格致出版社, 2016.

[174] 万金, 祁春节. 产品空间结构与农产品比较优势动态: 基于高维面板数据的分析与预测 [J]. 国际贸易问题, 2012（9）: 28-41.

[175] 汪兵韬, 陈金皇, 王小龙. "省直管县"改革、资源配置与企业高质量发展 [J]. 经济与管理研究, 2021, 42（4）: 73-88.

[176] 王芳, 田鹏颖. 新时代企业家精神推动国有企业高质量发展论析 [J]. 东北大学学报（社会科学版）, 2022, 24（4）: 118-123.

[177] 王华, 赖明勇, 柴江艺. 国际技术转移、异质性与中国企业技术创新研究 [J]. 管理世界, 2010（12）: 131-142.

[178] 王建新, 廖志超. 媒体关注与国有企业高质量发展: 基于内部控制的路径分析 [J]. 吉首大学学报（社会科学版）, 2022, 43（3）: 55-64.

[179] 王娜. 生产能力禀赋对中国区域产业升级的影响研究 [D]. 太原: 山西财经大学, 2020.

[180] 王晓红, 李娜, 陈宇. 冗余资源调节、数字化转型与企业高质量发展 [J]. 山西财经大学学报, 2022, 44（8）: 72-84.

[181] 王瑶, 黄贤环. 企业高质量发展的指标体系构建与实现路径 [J]. 统计与决策, 2021, 37（12）: 182-184.

[182] 王昱, 黄真瑞, 胡腾. 政策迎合能否兼顾高质量发展?: 制造业企业的研发操纵与生产率 [J]. 科学学研究, 2022, 40（9）: 1562-1573.

[183] 王贞洁, 王惠. 低碳城市试点政策与企业高质量发展: 基于经济效率与社会效益双维视角的检验 [J]. 经济管理, 2022, 44（6）: 43-62.

[184] 韦曙林, 欧梅. 产业集聚、资产专用性和制造企业生产率 [J]. 当代经济科学,

2017, 39（3）：77-85, 126-127.

[185] 魏敏, 李书昊. 新常态下中国经济增长质量的评价体系构建与测度 [J]. 经济学家, 2018（4）：19-26.

[186] 毋姣. 基于产品空间理论的中印产业升级比较 [D]. 西安：西北大学, 2017.

[187] 吴成颂, 程茹枫. 董事网络与制造业企业高质量发展：基于金融发展门槛效应的实证分析 [J]. 安徽大学学报（哲学社会科学版）, 2021, 45（4）：144-156.

[188] 吴小康, 于津平. 产品关联密度与企业新产品出口稳定性 [J]. 世界经济, 2018, 41（7）：122-147.

[189] 吴小康, 于津平. 企业内产品关联与企业出口产品转换 [J]. 国际贸易问题, 2018（7）：54-67.

[190] 武常岐, 张昆贤, 周欣雨, 等. 数字化转型、竞争战略选择与企业高质量发展：基于机器学习与文本分析的证据 [J]. 经济管理, 2022, 44（4）：5-22.

[191] 席强敏, 孙瑞东. 市场邻近、供给邻近与企业生产率 [J]. 经济学（季刊）, 2020, 20（5）：277-298.

[192] 夏冰, 吴能全. 国资监管体制变迁下公司治理水平对混合所有制企业高质量发展影响研究：基于资本属性视角 [J]. 预测, 2020, 39（4）：1-7.

[193] 肖曙光, 彭文浩, 黄晓凤. 当前制造业企业的融资约束是过度抑或不足：基于高质量发展要求的审视与评判 [J]. 南开管理评论, 2020, 23（2）：85-97.

[194] 肖土盛, 吴雨珊, 亓文韬. 数字化的翅膀能否助力企业高质量发展：来自企业创新的经验证据 [J]. 经济管理, 2022, 44（5）：41-62.

[195] 邢伯春. 中国成为世界工厂问题讨论综述 [J]. 经济理论与经济管理, 2003（1）：76-80.

[196] 徐邦栋, 李荣林. 全球价值链参与对出口产品质量的影响 [J]. 南方经济, 2020（12）：19-37.

[197] 徐孝新, 李颢. 生产能力禀赋与中国产业转型升级路径：基于产品空间理论的视角 [J]. 当代财经, 2019（2）：98-107.

[198] 许和连, 王海成. 最低工资标准对企业出口产品质量的影响研究 [J]. 世界经济, 2016, 39（7）：73-96.

[199] 薛菁, 林莉. 新一轮减税降费影响制造业企业高质量发展路径探析 [J]. 哈尔滨商业大学学报（社会科学版）, 2021（5）：121-128.

[200] 杨林, 沈春蕾. 减税降费赋能中小企业高质量发展了吗？：基于中小板和创

业板上市公司的实证研究 [J]. 经济体制改革，2021（2）：194-200.

[201] 杨宗翰，雷良海，廖东声. 研发操纵行为是否抑制上市公司高质量发展？[J]. 系统工程，2020，38（4）：19-32.

[202] 姚海琳，黄薇. 双创示范基地政策与企业高质量发展：基于企业技术创新视角 [J]. 经济经纬，2022，39（4）：97-106.

[203] 尹翔硕，陈陶然. 不同贸易方式出口企业的生产率与利润：基于异质性企业理论的微观实证分析 [J]. 世界经济文汇，2015（4）：44-60.

[204] 余菁. 新中国 70 年企业制度的演变历程与发展取向 [J]. 经济体制改革，2019（6）：5-11.

[205] 余龙，王小龙，张陈. 行政审批制度改革、市场竞争与企业高质量发展 [J]. 经济社会体制比较，2021（1）：149-160.

[206] 岳宇君，张磊雷. 企业信息化、技术创新与创业板公司高质量发展 [J]. 技术经济，2022，41（3）：25-34.

[207] 曾世宏，郑江淮. 产品空间结构理论对我国转变经济发展方式的启示 [J]. 经济纵横，2008（1）：21-23.

[208] 詹新宇，刘琳琳，王一欢. 地方政府债务扩张与企业高质量发展 [J]. 宏观质量研究，2021，9（5）：52-67.

[209] 张曾莲，徐方圆. 董事高管责任保险与企业高质量发展：基于代理成本和创新激励视角 [J]. 华东经济管理，2021，35（2）：78-86.

[210] 张建平，黄富. 巡视监督、自主创新与高质量发展：基于国企准自然实验的证据 [J]. 外国经济与管理，2021，43（12）：3-18.

[211] 张杰，李勇，刘志彪. 出口促进中国企业生产率提高吗？：来自中国本土制造业企业的经验证据：1999～2003[J]. 管理世界，2009（12）：11-26.

[212] 张其仔，李颢. 中国产业升级机会的甄别 [J]. 中国工业经济，2013（5）：44-56.

[213] 张其仔. 比较优势的演化与中国产业升级路径的选择 [J]. 中国工业经济，2008（9）：58-68.

[214] 张思涵，张明昂，王雨坤. 服务型政府建设与企业高质量发展 [J]. 财经研究，2022，48（9）：109-123.

[215] 张涛. 高质量发展的理论阐释及测度方法研究 [J]. 数量经济技术经济研究，2020，37（5）：23-43.

[216] 张亭，刘林青. 产品复杂性水平对中日产业升级影响的比较研究：基于产品

空间理论的实证分析 [J]. 经济管理, 2017, 39（5）: 115-129.

[217] 张亭, 刘林青. 中美产业升级的路径选择比较: 基于产品空间理论的分析 [J]. 经济管理, 2016, 38（8）: 18-28.

[218] 赵宸宇, 王文春, 李雪松. 数字化转型如何影响企业全要素生产率 [J]. 财贸经济, 2021, 42（7）: 114-129.

[219] 郑冠群, 徐妍, 安磊. 制造业产业集聚与企业创新: 基于市场份额视角的 Porter 外部性检验 [J]. 南开经济研究, 2021（3）: 239-256.

[220] 周健君, 胡有林. 地方国有企业高质量发展评价指标体系研究 [J]. 湖南社会科学, 2021（6）: 58-63.

[221] 周威. 中国工程机械行业国际竞争力研究 [J]. 黑龙江社会科学, 2014（2）: 83-85.

[222] 周沂, 贺灿飞, 杨汝岱. 区域潜在比较优势与出口升级 [J]. 经济研究, 2022, 57（2）: 125-141.

[223] 周沂, 贺灿飞. 集聚类型与国出口产品演化: 基于产品技术复杂度的研究 [J]. 财贸经济, 2018, 39（6）: 115-129.

[224] 周泽将, 雷玲, 伞子瑶. 营商环境与企业高质量发展: 基于公司治理视角的机制分析 [J]. 财政研究, 2020（5）: 111-129.

[225] 周志龙, 邓茜, 沈笑寒. 理论模型研究: 基于良品铺子的案例分析 [J]. 宏观质量研究, 2021, 9（1）: 80-95.

[226] 庄旭东, 段军山. 金融创新、资源配置与经济高质量发展: 建设金融强国战略背景下的分析与证据 [J]. 金融经济学研究, 2024, 39（1）: 60-74.

附 录

附表1 2000—2015年企业—产品层面省内产品关联密度的总体分布特征

年份	样本数量观测值	平均值	中位数	标准差	最大值	最小值
2000	292 918	0.143	0.141	0.039	0.242	0.005
2001	333 834	0.147	0.144	0.040	0.251	0.002
2002	423 786	0.160	0.153	0.049	0.277	0.007
2003	510 106	0.161	0.155	0.047	0.295	0.009
2004	708 953	0.162	0.157	0.045	0.295	0.013
2005	643 287	0.162	0.155	0.047	0.306	0.007
2006	841 394	0.165	0.157	0.047	0.301	0.005
2007	904 865	0.162	0.150	0.050	0.309	0.004
2008	915 720	0.167	0.157	0.051	0.315	0.006
2009	973 994	0.168	0.157	0.051	0.318	0.001
2010	1 120 822	0.169	0.160	0.049	0.316	0.008
2011	1 083 147	0.163	0.160	0.048	0.275	0.001
2012	1 494 243	0.172	0.165	0.066	0.510	0.002
2013	1 600 109	0.185	0.176	0.074	0.587	0.004
2014	1 147 905	0.174	0.170	0.067	0.390	0.010
2015	2 462 990	0.186	0.179	0.073	0.449	0.009
总计	15 458 073	0.171	0.162	0.060	0.587	0.001

数据来源：根据中国海关数据库整理计算得到。

附表2 2000—2015年企业总体层面城市内产品关联密度的总体分布特征

年份	样本数量观测值	平均值	中位数	标准差	最大值	最小值
2000	41 861	0.271	0.253	0.149	0.867	0
2001	45 811	0.280	0.267	0.150	0.896	0
2002	52 387	0.314	0.297	0.168	1	0
2003	62 438	0.326	0.311	0.170	0.929	0
2004	81 848	0.348	0.338	0.174	1	0
2005	78 021	0.346	0.330	0.171	1	0
2006	101 025	0.358	0.356	0.168	1	0
2007	108 906	0.361	0.353	0.174	1	0
2008	121 264	0.372	0.368	0.178	1	0
2009	129 769	0.381	0.378	0.179	1	0
2010	142 266	0.381	0.378	0.174	1	0
2011	150 867	0.352	0.358	0.153	1	0
2012	167 079	0.396	0.382	0.178	1	0
2013	169 730	0.395	0.374	0.176	0.983	0
2014	115 063	0.365	0.355	0.162	1	0
2015	209 892	0.422	0.398	0.187	1	0
总计	1 778 227	0.370	0.360	0.176	1	0

数据来源：根据中国海关数据库整理计算得到。

附表3 2000—2015年企业总体层面省内产品关联密度的总体分布特征

年份	样本数量观测值	平均值	中位数	标准差	最大值	最小值
2000	41 861	0.419	0.435	0.136	0.827	0
2001	45 811	0.433	0.449	0.140	0.863	0
2002	52 387	0.483	0.493	0.166	0.933	0
2003	62 438	0.493	0.501	0.161	0.938	0
2004	81 848	0.506	0.501	0.161	0.953	0
2005	78 021	0.505	0.488	0.164	1	0
2006	101 025	0.521	0.506	0.166	1	0
2007	108 906	0.526	0.510	0.182	1	0
2008	121 264	0.540	0.511	0.181	0.997	0
2009	129 769	0.547	0.511	0.179	0.985	0
2010	142 266	0.551	0.525	0.175	0.979	0
2011	150 867	0.532	0.554	0.167	1	0
2012	167 079	0.570	0.543	0.222	1	0
2013	169 730	0.583	0.563	0.230	1	0.009
2014	115 063	0.556	0.545	0.223	1	0
2015	209 892	0.596	0.575	0.233	1	0
总计	1 778 227	0.541	0.522	0.197	1	0

数据来源：根据中国海关数据库整理计算得到。

附表4 2000—2015年企业—产品层面省内产品关联密度的省份分布特征

省份	样本数量观测值	平均值	中位数	标准差	最大值	最小值
北京	461 258	0.153	0.153	0.025	0.421	0.031
天津	242 004	0.092	0.093	0.014	0.178	0.013
河北	190 707	0.134	0.134	0.022	0.255	0.039
山西	26 623	0.052	0.051	0.013	0.100	0.009
内蒙古	34 924	0.092	0.065	0.051	0.223	0.022
辽宁	448 698	0.152	0.150	0.022	0.297	0.062
吉林	38 784	0.081	0.082	0.013	0.115	0.026
黑龙江	72 767	0.121	0.119	0.037	0.223	0.028
上海	1 440 808	0.179	0.177	0.021	0.351	0.052
江苏	1 906 067	0.180	0.178	0.017	0.295	0.027
浙江	2 307 254	0.276	0.278	0.037	0.471	0.079
安徽	240 268	0.164	0.172	0.038	0.390	0.042
福建	76 5884	0.128	0.128	0.020	0.295	0.033
江西	175 112	0.160	0.164	0.063	0.428	0.010
山东	1 030 448	0.198	0.199	0.023	0.265	0.062
河南	115 711	0.082	0.078	0.023	0.142	0.004
湖北	180 002	0.125	0.119	0.028	0.204	0.042
湖南	80 360	0.102	0.101	0.022	0.157	0.035
广东	4 585 457	0.143	0.138	0.035	0.587	0.036
广西	71 696	0.080	0.077	0.016	0.245	0.035

附表 4（续）

省份	样本数量观测值	平均值	中位数	标准差	最大值	最小值
海南	15 888	0.054	0.048	0.019	0.114	0.002
重庆	189 694	0.075	0.080	0.020	0.149	0.024
四川	337 645	0.130	0.114	0.037	0.241	0.047
贵州	51 401	0.170	0.184	0.051	0.276	0.011
云南	120 079	0.174	0.160	0.058	0.346	0.043
西藏	25 852	0.094	0.100	0.035	0.257	0.002
陕西	72 028	0.088	0.086	0.019	0.148	0.023
甘肃	87 056	0.165	0.164	0.053	0.313	0.013
青海	16 468	0.142	0.164	0.065	0.290	0.004
宁夏	17 885	0.106	0.119	0.057	0.218	0.005
新疆	109 243	0.122	0.105	0.045	0.280	0.025
总计	15 458 073	0.171	0.162	0.060	0.587	0.001

数据来源：根据中国海关数据库整理计算得到。

附表5 2000—2015年企业总体层面城市内产品关联密度的省份分布特征

省份	样本数量观测值	平均值	中位数	标准差	最大值	最小值
北京	48 031	0.311	0.291	0.155	1	0
天津	41 173	0.184	0.186	0.062	0.522	0
河北	47 670	0.236	0.211	0.109	0.667	0
山西	5 058	0.093	0.053	0.087	0.485	0
内蒙古	3 546	0.120	0.102	0.117	0.665	0
辽宁	58 387	0.378	0.432	0.166	0.917	0
吉林	7 074	0.151	0.161	0.084	0.323	0
黑龙江	6 335	0.230	0.232	0.145	0.727	0
上海	146 558	0.430	0.423	0.179	1	0
江苏	269 764	0.395	0.381	0.164	0.995	0
浙江	304 044	0.461	0.433	0.179	1	0
安徽	23 208	0.263	0.221	0.180	0.920	0
福建	82 726	0.338	0.345	0.115	0.801	0
江西	12 098	0.272	0.204	0.204	1	0
山东	179 837	0.372	0.315	0.199	1	0
河南	21 095	0.160	0.116	0.127	0.648	0
湖北	18 989	0.238	0.250	0.123	0.777	0
湖南	12 271	0.213	0.156	0.176	0.786	0
广东	426 576	0.367	0.371	0.125	1	0
广西	10 098	0.129	0.085	0.114	0.643	0

附表5（续）

省份	样本数量观测值	平均值	中位数	标准差	最大值	最小值
海南	1 886	0.160	0.159	0.080	0.455	0
重庆	9 321	0.184	0.110	0.190	0.999	0
四川	17 520	0.382	0.362	0.231	1	0
贵州	1 369	0.264	0.137	0.279	0.933	0
云南	5 493	0.295	0.235	0.249	1	0
西藏	380	0.272	0.257	0.166	0.682	0
陕西	9 450	0.304	0.330	0.141	0.724	0
甘肃	1 641	0.353	0.157	0.330	1	0
青海	345	0.218	0.094	0.274	1	0
宁夏	1 186	0.140	0.063	0.199	0.821	0
新疆	5 096	0.306	0.299	0.173	1	0
总计	1 778 227	0.370	0.360	0.176	1	0

数据来源：根据中国海关数据库整理计算得到。

附表6　2000—2015年企业总体层面省内产品关联密度的省份分布特征

省份	样本数量观测值	平均值	中位数	标准差	最大值	最小值
北京	48 031	0.495	0.496	0.109	1	0.022
天津	41 173	0.271	0.272	0.058	0.449	0.008
河北	47 670	0.404	0.403	0.078	0.643	0.085
山西	5 058	0.127	0.123	0.048	0.270	0
内蒙古	3 546	0.174	0.136	0.125	0.583	0
辽宁	58 387	0.456	0.452	0.080	0.763	0
吉林	7 074	0.228	0.232	0.048	0.331	0
黑龙江	6 335	0.329	0.330	0.137	0.752	0
上海	146 558	0.585	0.584	0.086	1	0.274
江苏	269 764	0.571	0.568	0.068	1	0.101
浙江	304 044	0.865	0.871	0.107	1	0.284
安徽	23 208	0.460	0.459	0.125	0.697	0.096
福建	82 726	0.376	0.385	0.056	0.698	0
江西	12 098	0.346	0.297	0.170	0.929	0
山东	179 837	0.611	0.619	0.070	0.883	0.112
河南	21 095	0.237	0.230	0.084	0.498	0
湖北	18 989	0.349	0.323	0.096	0.658	0.012
湖南	12 271	0.276	0.281	0.080	0.512	0
广东	426 576	0.433	0.433	0.080	1	0
广西	10 098	0.215	0.208	0.055	0.421	0

附表6（续）

省份	样本数量观测值	平均值	中位数	标准差	最大值	最小值
海南	1 886	0.117	0.110	0.054	0.301	0
重庆	9 321	0.180	0.176	0.063	0.363	0
四川	17 520	0.376	0.339	0.122	0.952	0.075
贵州	1 369	0.250	0.100	0.242	0.682	0
云南	5 493	0.430	0.389	0.159	0.980	0.133
西藏	380	0.190	0.173	0.115	0.451	0
陕西	9 450	0.264	0.259	0.076	0.544	0.009
甘肃	1 641	0.308	0.300	0.247	0.784	0
青海	345	0.167	0.065	0.213	0.674	0
宁夏	1 186	0.126	0.044	0.162	0.559	0
新疆	5 096	0.341	0.275	0.153	0.712	0.002
总计	1 778 227	0.541	0.522	0.197	1	0

数据来源：根据中国海关数据库整理计算得到。